谁会真正关心慈善

保守主义令人称奇的富于同情心的真相

Who Really Cares:
The Surprising Truth About Compassionate Conservatism

◇ 〔美〕亚瑟·C.布鲁克斯（Arthur C.Brooks）著　　◇ 王青山 译

社会科学文献出版社
SOCIAL SCIENCES ACADEMIC PRESS (CHINA)

如今长存的有信，有望，有爱；这三样，其中最大的是爱。

——《圣经·哥林多前书》第 13 章十三节

译 者 序

谈到美国,我们首先能想到的是什么呢?科技大国、经济强国、军事大国或是一个引领西方世界的霸权大国。但提及美国的慈善事业,恐怕没有几个人能说得清楚,估计更没有多少人关心究竟是美国的共和党人还是民主党人更富有同情心、哪些群体貌似仁慈实则无情、穷人和富人谁捐赠得更多、美国是个慈善国家还是吝啬的国度?

雪城大学的亚瑟·C. 布鲁克斯教授经过数年的潜心研究,于2007年出版了这部关于美国慈善的著作《谁会真正关心慈善?》(*Who Really Cares*)。这位著名的公共政策专家在书中并没有依赖深奥的理论,他依据大量的民意调查数据并附以鲜活的实例,以通俗的语言说明了美国慈善事业的现状,书中的内容不仅回答了人们所关心的有关慈善的问题,而且列举了影响美国慈善的种种因素,例如家庭、宗教信仰、收入来源(劳动所得或不劳而获即享受政府的福利补贴)、个人信念等。他的研究表明,慈善尤其是个人的慈善捐赠行为不仅可以促进国民经济的繁荣发展,而且使人更为健康快乐,并且也是我们创造财富的动力之一,同时个人的慈善行为会使我们更加融入社会,成为一个真正的、充分履行公民义务的人。

布鲁克斯教授的开篇直截了当,首先对在美国流传甚广的陈词老调——自由主义者即民主党人士比保守主义者即共和党人士更为仁慈——进行了分析。两党的分水岭就是是否支持政府的收入再分配政策、政府是否有责任降低社会的不平等。民主党主张政府有义务解决社会问题并且利用税收政策以及社会福利帮助那些低于贫困生活线的人们,而共和党人士则认为个人应该掌握机会,通过个人奋斗以摆脱贫困,并且反对提高税收和福利政策。美国人通常认为,民主党是同情、关心穷人的党,共和党是冷酷无情的政党，而布鲁克斯教授通过民意调查数据发现，那些口头上呼吁、支持政府出台收入再分配政策的自由主义者实际上并不像对手那样仁慈，在金钱捐赠和志愿服务上都逊色于那些保守主义者。相反，无论是富有的还是贫困的保守主义者在宗教捐赠、世俗捐赠、正式捐赠以及非正式捐赠方面都优于自由主义者。同时布鲁克斯还以美国2001年的美国总统竞选为例，说明美国那些贫困但捐赠比例很高的州都选择了共和党的乔治·W. 布什（George W. Bush），而许多富有的、个人慈善比例排名靠后的、具有自由主义倾向的州却支持代表民主党参选的约翰·K. 克里（John F. Kerry），但最终，在那些富有同情心的保守主义者的支持下，小布什取得了总统竞选的胜利。

在翻译本书的过程中，得到了侨居美国二十年的大学同窗郭列的许多帮助，特别是在关于美国税收的问题上他给予了我极大的帮助，对此深表感谢。而旅居美国的另一位译者肖宇不仅翻译了第五、六、七、八章，还与作者布鲁克斯教授直接联系，并请布鲁克斯教授撰写了中文版序，在此对她表示十分感谢，同时也感谢帮助她审校的韩彤女士。因水平所限，请方家不吝赐教。

王青山

2007年12月于南湖东园

中文版序

　　我很高兴也很荣幸可以向中国的读者介绍这本关于美国慈善的研究成果《谁会真正关心慈善：保守主义令人称奇的富有同情心的真相》(*Who Really Cares: the Surprising Truth about Compassionate Conservatism*)。

　　本书主要是论证造就美国幸福、健康和经济繁荣的一个至关紧要的秘诀——慈善捐赠。本书立足于那些在慈善捐赠方面的调查数据，向读者讲述了美国的捐赠者比那些非捐赠者更容易获得经济上的成功，而且成功的部分原因之一就可以归结为他们的慷慨善良之心，而上升到国家层面来讲也是一样：慈善捐赠在很大程度上促进了国民的经济增长，而且如果美国人的捐赠再多一些，国家的经济形势一定还会更好。此外，这些身为捐赠者和志愿者的美国人也是最健康、最幸福的公民。

　　我确信，书中阐述的慈善行为所带来的众多益处同样也适用于其他的国家，特别是那些正处于经济高速发展阶段的国家以及尝试寻求与经济增长相匹配的生活质量的国家。我们可以将慈善捐赠视为承担那些不可或缺的公共服务的手段之一，然而更重要的是，它也是改善这些捐献者以及志愿者即这些有着公民意识的人们的生活质量的工具。

　　我衷心地期待这本书会带动有关中国慈善捐赠方面的研究。慈善覆盖了金钱、时间以及政府政策，它也有助于世界人民更好地了解其他各国经济和文化的话题。同时在当代这个愈加紧密联系的社会，广泛的理解以及经济繁荣都是很重要的，相比较而言，时下西方世界对当今中国慈善的了解知之甚少，我希望在不久的将来会有所改变。

　　虽说本书基于大量的调查数据以及理论研究，但我还是希望读者不要忽视慈善的道德力量，它对博爱是至关紧要的，再者由于我坚信慈善是运转良好的社会和机能健全的生命的关键,所以才借此书来表达我的个人观点。我在故去的父亲那里学到了这个道德的课程,他在一生中把自己 1/10 的所得用于帮助那些需要救助的人们,我希望可以把这些自己所接受的道德教育传递给我的孩子们,也包括出生在中国福建省晋江市的养女玛丽娜(Marina)。

纽约雪城大学亚瑟·C. 布鲁克斯教授
2007 年 12 月 15 日

前　言

每个国家都有各自的历史、政治、经济和文化，虽然许多学者专家曾经非常谨慎地描述和解释过前三者的差别，但是，几乎没有一个人对文化做出过详细的解释。

然而，每个到国外旅游的游客都可以立刻感受到这些文化差异，实际上，他们在了解政治和经济之前就能感受到文化的迥异。我们需要通过阅读书籍去了解法国、意大利或日本的历史、政府和生产系统，但是，我们即刻就能一目了然地观察到法国人、意大利人以及日本人与美国人以及他们相互之间的行为差异。

亚瑟·布鲁克斯（Arthur Brooks）在本书中创立了一种方法以展现文化的一个方面：人们对慈善事业付出过多少时间以及捐赠过多少金钱。布鲁克斯是一位受过严格训练的学者，因为在兰德研究院（Rand Graduate School）获得博士学位是一件非常不易的事情，他可以将其业已掌握的、直接的、令人信服的解释方法与对慈善的那些谨慎的研究结合起来。

有些人可能会认为我们不可能从研究慈善捐赠中对文化有太多的了解，因为捐赠的多少将取决于我们所希望避税的数目，而且由于各国的税率差异，人们的慈善行为毫无疑问也会不同。但是这种观点是错误的，首先，它忽视了人们为了其他目的所付出的时间和努力，而且从他们的税单中也不可能扣除他们为各项慈善事业的活动所付出的劳动。

再者，由于采用标准扣除法，大约 2/3 的美国人不能将那些捐赠的物品从他们的税单上扣除掉，而且根据相应的法律，税单上不能详细列举慈善的赠品，而这些人依然不断地捐献大量的金钱，他们这么做不可能出于避税。

其三，人们所捐出金钱的多少与税率变更似乎没有什么联系。当1986年最高税率大幅度下降的时候，某些人断言此举是个错误，因为慈善性的赠物将会枯竭，但预言并没有成为事实；而2001年遗产税降低的时候，慈善性的捐助也没受到影响。其中的原因之一是，当人们拥有更多钱财的时候，他们就会付出更多，税率也许有某些影响，但是它并不是决定性的因素。

还有其他更重要的理由可以解释慈善行为，宗教信仰就是其中之一。信奉宗教的人士比那些无宗教信仰的人们捐赠的要多得多，甚至比世俗性的捐助还要多。而且由于美国是一个宗教信仰多元化的国度，所以这里的慈善性捐赠比率更高。同时还有一些其他的因素，布鲁克斯认为，人们对政府的职责就是减少收入不平衡的认同也会影响人们的捐助，而且他们是否是这个完整社会的一员同样也会决定善举。

简而言之，对慈善行为的谨慎分析会使我们更多地了解一个国家的文化，而且布鲁克斯提出慈善爱心也可能会与经济联系在一起。很显然，富人比那些贫困的人们捐献的钱财要多，这仿佛说明你只能奉献你已经拥有的钱财，但是布鲁克斯却认为有一种不同的、更吸引人的可能性：也许慈善性的捐赠会帮助改善经济，那些慈善习惯可能会增加人们的幸福感和自信心，而且与对他们孩子的良好品质的培养有着紧密关系。

所以这本书不仅仅在于探讨我们如何奉献时间和金钱，同时也告知我们的文化如何影响着政治和经济。可以说，它是我阅读过的那些关于慈善行为研究的书籍中最出色的一部著作，而且相信你们也会和我有同样的感觉。

詹姆斯·Q. 威尔逊

目　录

引　言　美国的慈善和自私 / 1

第一章　富有同情心的保守主义是悖论吗？/ 1

第二章　信仰与慈善 / 17

第三章　他人的金钱 / 36

第四章　收入、社会福利和慈善 / 56

第五章　慈善始于家庭 / 77

第六章　欧洲大陆的趋势 / 94

第七章　慈善使你健康、幸福和富有 / 112

第八章　未来之路 / 133

附　录　慈善和自私的调查数据 / 153

致　谢 / 181

引　言
美国的慈善和自私

　　美国人是乐善好施的吗？许多人也包括很多的美国人都会说不是。前总统吉米·卡特（Jimmy Carter）在2004年曾经断言美国人对世界的困苦漠不关心："萦绕在美国人心中的问题就是，外部世界与我们不同，而且我们确实也不在乎其他世界究竟发生了什么。"①

　　具有讽刺意味的是，许多外国人并不像美国人那样持有这样的观点。最近有位外国商人来到我的大学办公室，告诉我他想来美国学习慈善，也就是来领略他始终敬佩的美国人博爱的热情，而且还认为那些就是我们成功的秘诀。他具备领导的野心，并且认为他有义务将捐赠和义务服务做得更好，以便他可以在自己的国家里鼓励这些行为。

　　我这位客人对美国的印象并没有什么新意，其实早在大约170年前，一位著名的访美游客已经对美国社会做出过同样的反应，当亚历克西·德·托克维尔（Alexis de Tocqueville）在1835年考察美国的时候，他就已经发现了自己以前从未经历过的自愿捐助主义和慈善的精神。在他的那部经典著作《论美国的民主》（Democracy in America）中，托克维尔对美国众多的社团惊讶不已，这些社团的运作完全依赖于自愿的捐赠，即时间和金钱的奉献，对此他写道："所有年龄段的美国人、所有的社会环境和所

---

① 参见卡特先生于2004年2月在明尼苏达州圣奥拉夫大学演讲中所作的评论；参见2004年2月23日《美国人好像忘却了痛苦》（Americans Oblivious to Suffering）；详见 http://www.worldnetdaily.com/news/article.asp?ARTICLE_ID=37246，2006.03.22。

有的意向不断地组建社团。这些美国人利用社团组织娱乐、创立学院、建旅馆、修建教堂、传播书籍、派遣传教士去澳大利亚和新西兰，还以同样的方式创立医院、监狱和学校。"①

　　对美国的慈善来讲，究竟是亚历克西·德·托克维尔还是吉米·卡特的评价正确呢？从某种程度上来说，他们都是正确的，就慈善而论，美国就是"两个"国家——一个是慈善慷慨的；而另外一个则是冷酷无情的。多数的美国人都是慷慨大方、富于同情心的人士，但是确实存在一部分人，他们对于处于危难中的人们不给予捐献、不做志愿者、不参与各种非正式形式的捐赠甚至对他人没有怜悯同情之心。

　　这本书就是探讨这"两个"美国以及他们的行为如此相悖的原因。在调查慈善和自私根源的过程中，我揭示出一些涉及美国文化、政治和经济中的无法忍受的真相。在调查期间，许多事实和倾向着实令我惊讶不安，我想你们也会如此。

　　然而那些标志性的事情要远远多于那些寥寥无几的令人惊愕的真相，这恰恰说明我们是"两个"迥异的国家。我会向大家说明，慈善与我们的身心健康、社团的生命力、国家繁荣甚至与我们作为自由人来支配自己的能力密切相关。同时也会进一步说明，如果我们更加富于同情心，那么美国人最伟大的荣誉声望会展现在世人面前，但是，我也警告各位：正像其他人那样，爱心不断地从他们心中丧失，那么自私自利造就出的政治以及它怂恿的文化会威胁国家的繁荣发展。

　　探索究竟是什么使人们博爱或者什么使他们冷酷无情的原因是符合我们共同的利益的，而我们将更多的人引导加入慷慨大方的行列的能力会影响国家的力量，影响他人从善如流是为了他们的利益也是为了我们的利益。

　　幸运的是，托克维尔笔下的美国比吉米·卡特的描述高尚得多：心系慈善爱心的人远远超出那些无情之人。绝大多数美国公民捐赠钱财，大约3/4的家庭每年都有慈善捐赠，这些家庭每年

---

① 参见2006年3月6日 http://xroads.virginia.edukhyper/DETOC/ch2_05.htm。

平均捐出1800美元，几乎接近家庭收入的3.5%。而与某些人的想象相反，美国人的捐赠并不是全部或绝大部分赠与教堂，大约只有1/3的赠物用于各种宗教活动，例如支持教堂的礼拜活动。而余下的2/3都用于那些世俗事业，诸如教育、卫生和社会福利。美国私人的慈善捐赠每年大约有2500亿美元，其中的3/4来自于私人个体（与之相对的是各种基金会、公司和遗产捐赠），把这个数目透视来看，美国的私人捐赠会超过瑞典、挪威或丹麦全年的国内生产总值（GDP）。①

在过去的50年里，美国的慈善捐赠总体来讲是美国GDP的1.5%~2%，而且在过去的半个世纪里，扣除通货膨胀因素，每个家庭每年平均的捐献已经增长了3倍。即使相当多的大众认为捐赠下降，但事实是，美国人始终分享着善举和教堂带来的繁荣发展的一大部分。②

美国人的慈善不仅仅局限于金钱，超过半数的美国家庭每年都自愿奉献他们的时间，其中大约40%的义务时间用于宗教方面的活动，30%的志愿时间用于与年轻人相关的事宜，例如家长

---

① 参见2000社会资本社区基准调查（The Social Capital Community Benchmark Survey, SCCBS），2005年美国捐赠基金会（Giving USA）的调查；2000年的罗博公共意见研究中心（Roper Center for Public Opinion Research），见www.roper.com；2005年美国筹款协会（American Association of Fundraising Council, AAFRC）、美国捐赠基金会（Giving USA Foundation）、印第安纳大学慈善中心（Center on Philanthropy at Indiana University）的调查。这些对慈善捐赠调查的差异非常大，一些调查资料发现捐赠的家庭比例少于美国家庭的50%，而有些则认为会超过80%，印第安纳波利斯印第安纳大学的马克·O. 威廉（Mark O. Wilhelm）教授比较过许多有关慈善捐赠的调查，他认为70%的比例最为接近。

② 数据来源：2005年美国捐赠基金会（Giving USA）的调查；2000年，罗伯特·D. 帕特南（Robert D. Putnam）在他那部非同凡响的著作《独自打保龄球》（Bowling Alone）中有过如下的陈述："自1960年以来，我们的捐赠越来越萎缩。"而这个观点是基于1960年到1998年捐赠的增长比例低于GDP的增长比例，而正是那时他才开始这项研究。可是1960年正是美国捐赠高潮的标志年，而从20世纪90年代末到目前的赠款的增加数额已经弥补了20世纪60年代以后的捐款不足。详见罗伯特·D. 帕特南著《独自打保龄球：美国社会的衰败与复苏》（Bowling Alone: The Collapse and Revival of American Community，纽约Simon & Schuster出版社，2000）。

教师联合会（PTA, Parent Teacher Association）和儿童运动，各种与贫困相关的事业、卫生慈善活动和政治实践活动也会获得志愿者大量的时间支持。①

这些统计数据给人们留下了深刻的印象，而且它们也掩盖了那些关于美国自私自利的言辞，也就是说，的确存在颇具规模的少数爱心匮乏的美国人，尽管每年大约有 2.25 亿美国人捐过善款，而另外 7500 万人却犹如铁公鸡，一毛不拔，从未捐助过任何慈善事业、慈善团体或教堂，此外还有 1.3 亿的美国人也未曾奉献过他们的时间。

但是与捐赠者相比，那些非捐赠者是否真的无情呢？也许大多数捐赠者和志愿者只是奉献了很少的金钱与时间。例如，假设我自己每年捐款 5 美元，那么从技术层面上讲，我也是"捐赠人"中的一员了，但即使这样，也很难讲这会使我变得比某些非捐赠者更具有爱心。

但是在捐赠者和非捐赠者之间的确存在一道鲜明的界限，而且那些确实捐献了时间和金钱的人的内心具有奉献更多的倾向。例如，在 2000 年，捐给慈善团体的善款低于 50 美元的捐赠者比例与高于 5000 美元的比例相同，同样，做过一次志愿者的比例与多于 36 次的一样多；在 2003 年，20% 的志愿者每个星期至少奉献一次他们自己的时间，而这些 20% 的志愿者平均每年的义务时间高达 300 小时。②

可是那些不以正式形式捐款或做志愿者的人们会不会以非正式的形式做善举呢？没有给美国联合慈善总会（United Way）捐过支票的人更可能会帮助那些需要帮助的家庭的成员吗？或者那些从未在救济贫民灾民的流动厨房做过义工的人会更愿意给路边的无家可归的人一枚 25 美分的硬币或一个三明治吗？如果仅仅由于某人没有以正式的形式做过慈善捐赠就将"自私"的标签

---

① 参见 2003 年的收入动态调查研究（Panel Study of Income Dynamics, PSID），2001 年的慈善中心调查研究（Center on Philanthropy Panel Study, COPPS）。
② 参见 2003 年的 PSID，2000 年 SCCBS。

赋予他或她，可能就是一件荒谬可笑的事情，那么对于上述对非捐赠者的疑问，答案是肯定的吗？

不对，答案是否定的。那些将自己的金钱和时间奉献给慈善团体的人们比非捐赠者也更乐意以非正式的形式展现他们的慷慨大度，如果我们再关注一下慷慨行为的形式，那么仁慈的人们与自私自利的人们之间的差距立即就会呈现出来。例如，2002年的一个全国性调查表明：这些捐款人以非正式形式救济的朋友和陌生人的人数大约是那些"非捐款人"的3倍；在那些每年至少向慈善团体捐赠过一次的人群中，献血的人数大约是非捐赠者的2倍；前者比后者更乐于对那些无家可归的人给予食品或金钱，而且前者在拥挤的公交车上会更主动地给老年人礼让座位；这些捐赠者也更诚实可信，他们更可能会把找错的零钱退还给收银员，与非捐赠者相比较，这个比例数要超过他们50%。[①]

捐赠者同时也比非捐赠者更富有同情心和宽容度。对比一下二者对某些特定的人群表现出来的迥异态度：2002年的调查数据表明，在对待非裔美国人、白种人、拉丁人和亚裔的态度上，非捐赠者持有的负面偏见要高于那些捐赠者；不仅如此，捐赠者对新教徒、犹太教徒、信奉正统基督教的教徒和天主教徒更富于同情心；与非捐赠者相比，他们喜欢工会，当然那些大公司也是如此，同时他们也尊重环境保护者、女权主义者、社会福利接受者以及政治保守派；他们还支持高等法院、国会、军队和联邦政府；而且他们比那些人更关爱大众，当然这里所指的大众不包括两类特定群体，即那些非捐赠者热衷的政

[①] 参见2002年的综合社会调查（General Social Survey, GSS）；2000年的捐赠和志愿服务调查（Giving and Volunteering Survey, GVS）；2002年华盛顿特区独立部门的美国的捐赠和自愿服务调查（Giving and Volunteering in the United States, GVS）；其实同样不令人惊讶，志愿者与拒绝担当志愿者之间的差异也是类似的，例如，91%的志愿者更可能献血，他们当中50%的人更乐意在公交车上礼让座位，而31%的人更可能愿意帮助无家可归的人。

治自由派和新闻媒体。①

尽管正式形式的慈善行为并不能代表所有类型的慷慨行为，但它却是一个极好的方法，来界定美国社会中哪些人真正具备仁爱之心，同时也可以鉴别另类人群。

---

① 这里使用"感情温度计"（feeling thermometers）衡量喜爱和厌恶感，应答者对特定的群体捐赠打出 0 到 100 的分数，高分数意味着对特定的群体表示认同，低分则表示他们不在乎。数据来自于 2002 年的美国选举研究（American National Election Studies, ANES），从这些数据上看，捐赠者和非捐赠者对同性恋者的态度是一致的。

第一章
富有同情心的保守主义
是悖论吗？

我们是民歌大军，
每个人都富于爱心。
一致痛恨贫穷、战争和不公，
不像你们之外的那些人言行不同。

——汤姆·莱勒（Tom Lehrer）的《民歌大军》(The Folk Song Army)[①]

和许多大学一样，我们的校园也比邻众多学生和教职员工生活的生活区，我每天都穿过生活区上班，那里的环境相当惬意，十分恬静，但是表面的宁静并不意味着整体的和谐一致。这里的师生来自不同的国家、不同的种族，而且信奉不同的宗教，因而人群的多元性使生活区成为十分有趣的一个地方。

但是在这个生活区中也有一成不变的，那就是自由主义的政治倾向，校园中的这种政治观点要远远多于社会上普通民众的，而且 2004 年竞选总统时这种倾向格外明显，那时到处都可以见到各式各样的海报和标语，平日温和的生活区变得如此狂热，其中有一条标语："政权改变从国内开始"，公然把乔治·W. 布什喻为伊拉克的独裁者萨达姆·侯赛因，因为当时美军在"政权更迭"（regime change）的政策下已经将这位独裁者赶下了政治

[①] 托马斯·莱雷尔（Thomas Lehrer）:《民歌大军》(The Folk Song Army)，载《就是那一年》(That Was the Year That)，1965，Reprise/Wea，6179，ASIN B000002K07。

舞台，另外一幅尽显爱国主义精神的讽刺标语则号召大众："保卫美国——打败布什。"然而当时市内最常见的宣传牌都是当地一个自由派的激进组织所为，上面的口号非常直截了当："布什必须下台！（是）人类的需要，而不是企业的贪婪。"

　　这些尖锐刺耳的政治噪音出现在这所大学的生活区是一件再平凡不过的事情，而且其他的大学生活区里也会如此，不足为怪，但一个事实却使这些情形变得非常引人注目：在2004年的总统竞选中，纽约州当时实际上是不存在竞争的，民主党的挑战者约翰·F. 克里（John F. Kerry）从竞选初期就一直大幅度领先布什先生，在全州领先19%，比布什多100万的选票。换句话说，当时在一个几乎没有真正对手的竞选中，他们依然斗志昂扬，不知疲倦地进行着竞选活动。

　　当时竞选活动的目的看起来似乎与选举不相干，毕竟仅靠"人类的需要，而不是企业的贪婪"这种口号不太可能战胜众多共和党人的投票者。面对这样的标语："非常正确！人类的需要确实比公司的贪婪重要，我不明白自己以前为什么从未认识到这点！"很难想象某些失意的政治保守主义者恰巧走入这个大学生活区而且还凑巧看到这个标语时的心情。我相信，这些标语真正的作用就是在痛击布什总统及其支持者自私自利的时候，表明书写者在表达他们自己正直的道德观，同时这些标语也更好地巩固了那些陈词滥调，大肆渲染保守主义者的自私自利与自由主义者的慷慨大度。

　　也许在近代美国政治话语中经常可以听到许多乏善可陈的老调：面对不幸，政治"左派"是富于同情心和慈善情怀的，而右派对待痛苦则是浑然不觉。就像我以前坦言的那样，这个类似于常识性的观点曾经左右过我的信仰，倘若几年前让我归纳这些美国保守主义者特性的话，我一定会说，他们是顽固不化的实用主义者，甚至他们可以将你的奶奶扔到大雪中而不顾，从而以维护某些不可思议的独立自强的理想，他们也许会努力工作但肯定不会慷慨大度；与之相反，我会告诉大家，即使有些自由主义者的观点和政策确实考虑不周，但是他们的基本出发点却是善待他人的恻隐之心。

　　这些迂腐的论调不仅仅流行在政治常识贫乏的人群中，而且许多专家学者也都恪守这种世界观,例如著名的语言学家乔治·莱考夫（George Lakoff）,也是政治畅销书《不要想当然:了解自己的价值并建构辩论的框架》（Don't Think of an Elephant: Know Your Values and Frame the Debate）的作者,他也持有同样的论调。他曾经在这本书中系统地阐述道:"保守党道德系统的……最高价值标准是维持和捍卫一个'严厉的父亲'系统;而在自由主义者所倡导的类似于'充满关爱的父母'的概念系统中,它的最高价值原则是帮助那些需要关怀的人们。"更确切地讲,慈善是政治进步思想的天然副产品,而且自由派的家庭会传承仁爱关怀,而保守派的家庭则不然。

某些人甚至认定保守主义源于儿童时代的个性问题。例如在1969年,伯克利加利福尼亚大学的两位心理学家曾经对100名伯克利地区的学龄前儿童进行了心理评估,10年后,他们又对当年的这些孩子进行了政治观点调查。随后他们发现,在这组人群中,那些在政治上倾向自由主义的年轻的成年人当初就属于更为机智、自主、富于表现力、自制力强的孩子们,与其相反,也就是现在成为保守派的年轻人,当年就被评估为苛刻、喜欢违规、"明显不正常"而且容易受到内疚感的影响。这些发现似乎可以说明,在对待他人方面,自由主义和同情心、保守主义和自私自利,这两组与心理学上的联系是一致的。[1]

2004年的总统选举结果表明,美国大部分地区拒绝接受"共和党等同于自私自利"的说法,因为他们对共和党投出的赞成票已经对这个问题做出了回答。在线杂志 Slate[2] 上的一篇题为

---

[1] 参见杰克·布洛克（Jack Block）和珍妮·H. 布洛克（Jeanne H. Block）:《幼儿园的个性以及20年后的政治倾向》（Nursery School Personality and Political Orientation Two Decades Later）,《人格研究杂志》（Journal of Research in Personality）。

[2] Slate 最初由美国前《新共和》杂志编辑金斯利创办,初时由微软资助,2004年12月被《华盛顿邮报》收购。Slate 专注于政治文化评论,在新闻分析外添加了运动、旅游、美食和科技等多元内容,至今已成为网上最有影响力的政治杂志之一,每月浏览人数达1000万人次。——译者注

《红色各州难以教化的无知》的评论文章认为,保守主义的"红色州"所代表的美国是不可救药的、无情无义的,而那些"蓝色州"的社区,也就是绝大部分支持约翰·克里的社区是富于同情心的,因此它们将成为那些红色州的掠夺者的牺牲品,这篇文章对此指出:"这些蓝色州的人们犯了一个卢梭式的错误,他们认为人们本质上是善良的,以至于他们从未意识到,在那个时候他们会在后方遭到致命的一击。"①

政治家们已经把所有他们认为有价值的、一成不变的陈词滥调发挥到了极致。2004 年,身为民主党候选人的威斯利·克拉克将军(General Wesley Clark)在抨击乔治·W. 布什的时候,曾经一针见血地指出:"对布什来讲,慈善捐赠的获益者只是那些大企业和富翁。"其实布什先生并不是唯一的一位被斥为严厉无情的保守派的领袖。在罗纳德·里根(Ronald Reagan)结束总统任期的 20 多年后,依然有许多人诬蔑他吝啬且缺乏同情心,无论是对人不对事的还是实质性的批评,至今在主流媒体上依旧可以见到这样的说法。一位著名的报纸专栏作家也曾经写道:里根是"20 世纪下半叶最反对穷人、黑人和社会地位低下者的总统"。2004 年,里根辞世不久,《巴尔的摩纪事报》(*Baltimore Chronicle*)发表了一篇题为《凶手、懦夫、骗子:终于解脱了,骗子!》(Killer, Coward, Con-man: Good Riddance, Gipper!)的文章,其作者认为里根的价值观就是"摧毁工会、对穷人和买不起定制服装的人进行宣战",而且他说,"将饥饿贫穷带给了美国并使得每个百万富翁掠夺更多的金钱,这是一种新形式的吝啬"。②

---

① 参见珍妮·斯迈利(Jane Smiley)《红色各州难以教化的无知》(The Unteachable Ignorance of the Red States),*Slate*,2004 年 12 月 4 日,http://www.slate.com/id/2109218/(检索日:2006 年 3 月 6 日)。
② 参见德里克·Z. 杰克逊(Derrick Z. Jackson)《在鲍勃·琼斯大学里,令人烦恼的关于真实乔治·W. 布什的课程》(At Bob Jones U., A Disturbing Lesson about the Real George W. Bush),《波士顿环球报》(*Boston Globe*),2000 年 2 月 9 日;格里格·保拉什特(Greg Palast):《凶手,懦夫,骗子:可喜的摆脱,骗子!》(Killer, Coward, Con-man: Good Riddance, Gipper!),《巴尔的摩纪事报》(*Baltimore Chronicle*),2004 年 6 月 6 日。

自由主义者对保守主义者的谴责并没有止步于无知的自私自利上,而是进一步指责他们不虔诚、邪恶。2005年11月,约翰·克里严厉谴责了那些保守派的政策制定者,怒斥保守政策旨在给予某些人,同时却"拿走"其他人的利益,而且当时他的那段话显然借助了基督教的宗教术语:"在那个'耶稣基督'统治的三年里,所有的政府部门都充斥着冷漠无情的建议,这并不是奇谈怪论,不是寓言也不是所谓的言辞,它们真正的意思就是,你们应该降低儿童卫生保健或从最贫穷人们的口袋里拿走他们的钱财然后把它送给那些最富有的人群。"更准确地说,这些保守派的立法者在计划消减政府社会福利开支方面违反、亵渎了基督教慈善的基本前提。而在2005年12月,自由派的基督教作家也是政治吹鼓手的吉姆·沃利斯(Jim Wallis)又把这种抨击方式进一步发扬光大,以回应共和党人削减许多社会项目的预算:"他们(这些信奉基督教的保守派)正在拿穷人的生活与他们的(政治)议程做交易,正在违背圣经的教义,这是一种最令人唾弃的亵渎行为。"同时他还引用了《圣经》以赛亚书第10章第1、2小节的原文:"祸哉!那些设立不义之律例的,和记录奸诈之判语的,为要屈枉穷乏人,夺去我民中困苦的人的理,以寡妇当作掳物,以孤儿当作掠物。"①

自由主义者并不是恪守保守派自私自利这一成见的唯一群体,一些保守派的人士也常常默认这种观点。例如,乔治·W. 布什在2000年竞选总统的时候,他标榜的就是"富于同情心的保守主义",并以此作为未来的治国理念,他认为这种做法是改革创新——就好像他自己与保守派的那些传统格格不

---

① 参见美联社(Associated Press)《克里在辩论联邦预算中引用自己的信仰》(Kerry Invokes His Faith in Discussing Federal Budget),2005年12月5日,http://www.boston.com/news/local/massachusetts/articles/2005/11/05/kerry_invokes_his_faith_in_discussing_federal_budget? mode = PF(检索日:2006年3月6日);乔纳森·韦斯曼(Jonathan Weisman)和艾伦·库珀曼(Alan Cooperman):《主要来自左派的宗教抗议》(A Religious Protest Largely from the Left),《华盛顿邮报》(Washington Post),2005年12月14日。

入。当时小布什的国内政策顾问对此有过解释:"就像传统的保守主义一样,富有同情心的保守主义赞成市场是输出价值的途径,但富有同情心的保守主义也承认市场建立的繁荣确实遗弃了许多美国人,而且政府有责任对那些处于经济阶梯低处的人们伸出援助之手。"①

当时双方的许多政治家对此都不买账,民主党的发言人立即宣称:"富有同情心的保守主义是一个悖论",而许多保守主义者也反对这个观点,前副总统丹·奎尔(Dan Quayle)就认为它是"愚蠢的、粗鲁无礼的",而且"是放弃我们价值观和原则的规程"。②

传统的至理名言是这样的:那些自由派之所以是仁慈的,就是因为他们以社会公平的名义支持政府对财富进行再分配的政策,由于保守派反对那些政策,所以他们冷酷无情。但是,请注意这里隐含的花招:如果按照这个逻辑,政府的开支就是慈善的一种形式。

诸位,让我们清醒些吧!政府的福利开支不是慈善行为,它并不是个人自愿的奉献行为,无论它是多么有益或仁慈,也不管它对提供公共服务有多么必要,它只是对国家税收的强制性的再分配。既然政府的福利开支不是善举,所以那些貌似神圣的口号就不能证明那些倡导者是仁慈的,同理也不能表明他们的反对者是自私自利的。(正相反,对那些不与其分享政治信仰的人们的正直心的抨击会更加合理地推论出这样的事实——自己是一个冷

---

① 参见斯蒂芬·戈德史密斯(Stephen Goldsmith)《富有同情心的保守主义是什么?哪些不是?》(What Compassionate Conservatism Is—And Is Not)。《胡佛文摘》(Hoover Digest),2000年秋季第四期,http://www.hooverdigest.org/004/goldsmith.html(检索日:2006年3月6日)。

② 参见米歇尔·科特尔(Michelle Cottle):《通向投票者心灵的方式符合他们的胃口吗?》(A Way to Voters' Hearts Is Through Their Stomachs?),《新共和在线》(New Republic Online),2003年12月29日,http://wwwtnr.com/primary/index.mhtml?pid=1133(检索日:2006年3月6日);马克·桑德罗(Marc Sandalow):《唤醒富有同情心的保守主义》(Evoking Compassionate Conservatism),《旧金山纪事报》(San Francisco Chronicle),2002年5月1日。

酷无情的人。)

为了准确地评价自由派和保守派之间的慈善差别,我们必须对私人形式的、志愿性质的善举加以关注。那么在私人捐赠和志愿行为方面,自由派和保守派的表现如何呢?在那些刺耳的标语和讽刺性的政治漫画背后,调查数据又能准确地告诉我们什么呢?

数据统计结果告诉我们:传统的至理名言绝对是错误的。在绝大多数方面,保守主义者自身的仁慈不亚于政治自由主义者——他们做得更多、更好。

首先,我们必须定义哪些人是"自由主义者"和"保守主义者"。许多针对大众的调查不仅让被试者回答他们的政党从属关系而且也要表明自己的意识形态。一般来讲,大约10%的人认为自己是"真正的保守派";另外10%的人自认为是"真正的自由派";而20%的人是一般的"自由派",而有30%的人认为自己只是简单的"保守派";余下的30%的人自称是"温和派"或"中间派"。在讨论中,我所谓的"自由主义者"是大约占30%的两类自由派人士,而"保守主义者"则是另外40%属于两类"保守派"的人群。

那么如何比较自由派和保守派人士的慈善呢?当提及捐赠与否的时候,保守派和自由派的人看起来几乎一样,保守派的人每年捐款的比例高出自由派1%或2%,但是做义工的比例只高出1%。①

但是,当涉及平均捐款额的时候,双方的差距开始逐步拉大。2000年,保守派家庭捐给慈善团体的善款金额高出自由派家庭

---

① 参见2000年的SCCBS,2002年的GSS。在这一点上,大量数据结果几乎一样,统计的结果几乎可以忽略差异。关于人类科目的实验室实验发现,保守派和自由派的人们同样具有捐赠与否的倾向。参见利萨·安德森(Lisa Anderson)、詹妮弗·梅洛尔(Jennifer Mellor)和杰弗里·米利友(Jeffrey Milyo)《自由主义者表现得好吗?政党和政治意识形态在大众利益和信任策略中的作用》(Do Liberals Play Nice? The Effects of Party and Political Ideology in Public Goods and Trust Games)(见2004年密苏里大学经济系编号为0417的工作论文)。

30%，两者的平均善款分别是 1600 美元和 1227 美元。而这个差距并不是简单地由于收入差异造成的，相反，那些自由派家庭的年平均收入要高出保守派家庭6%，而且无论是贫困阶层、中产阶层还是富有阶层，保守派家庭的捐款都多于自由派的家庭。①

如果着眼于党的从属关系而不是意识形态，故事的结局也类似。例如，在 2000 年，注册为共和党的人士每年至少捐赠一次的比例要比民主党人士高出 7%，而他们相应的捐款比例分别是 90% 和 83%。②

这些差异不仅仅只体现在金钱和时间的奉献上，例如献血，2002 年保守派的美国人在这方面也强于对手，假如自由派和温和派的人们能与保守派献血的比例相同的话，那么美国血液的供应量将会暴涨 45%。③

当我们再进一步考虑年龄因素时，那些政治的陈词滥调甚至会消失殆尽，而且"30 岁之前不是社会主义者的人无情，但 30 岁之后仍然是社会主义者的人无脑"就会成为一句古老的谚语。我们假设这样的一个场景，当那些顽固的、右翼的老祖父们把钱存入信托基金机构以备养老的时候，他们的自由派孙子或孙女们却正在救济贫民和灾民的流动厨房里忙前忙后，并且还参与拯救鲸鱼的志愿工作。但根据数据统计结果，这些年轻的自由派实际上属于吝啬的群体，或许他们是美国现在最不满的、牢骚最多的选民。2004 年，年龄小于 30 岁的自由派年轻人归属于社区团体的人数要比年轻的保守派少 1/3；前者在 2002 年捐给慈善团体的善款比后者少 12%、献血数少 1/3；2004 年，自由派的年轻人在对他们所钟爱的人表示出乐于奉献的比例也明显低于保守派，只有

---

① 参见 2000 年的 SCCBS。年收入为 25000 美元的保守派家庭捐款比有相同收入的自由派家庭高 6%，年收入为 5 万美元的保守派家庭捐资高出相对应的自由派家庭 3%，年收入为 10 万美元的家庭则高出对方 2%。
② 参见 2002 年的 ANES。
③ 参见 2002 年 GSS。在某些少数的非正式的捐赠上也存在差别。自由派的人们在给无家可归的人们捐钱、在公交车上让座、给陌生人指路等方面略微强于保守派；而保守派比自由派更愿意把多找的钱还给收银员、更乐于关怀穷人。

很少的人宁可自己选择痛苦也不让所爱的人受苦、除非对方高兴否则自己会觉得不幸福，或为了他们所爱的人愿意奉献自己。

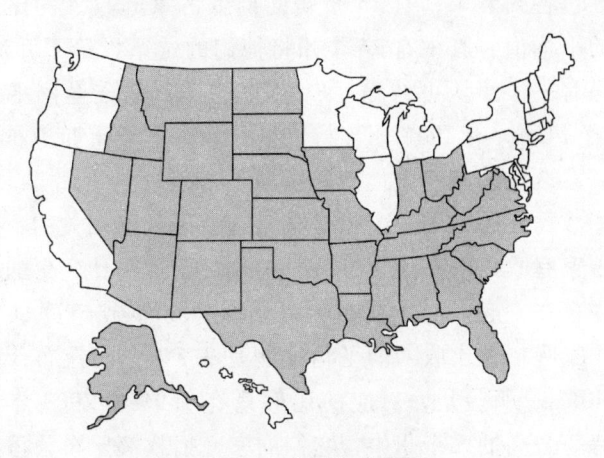

图1-1 美国选举地图
注：白色部分表示克里获胜的各州。

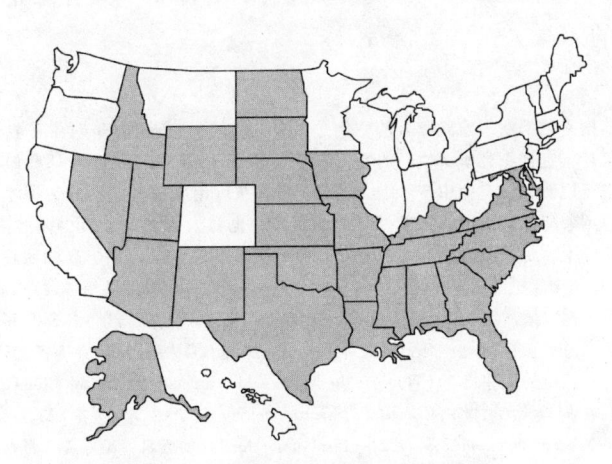

图1-2 美国2001年慈善捐赠地图
注：白色部分代表低于平均值的部分。

当我们把2004年美国总统竞选的各州投票结果和每个州的慈善数据进行对比时，那些美国保守主义者的同情心就尽显无遗了。根据美国国税局（Internal Revenue Service）统计的每年家庭收入的捐赠比例数据，我们看到红色各州比蓝色各州更慷慨，例如在红色各州当中，有25个州的捐款占家庭收入的比例超过了全国的平均值，其中有24个州将他们的选票投给了乔治·W.布什，只有一个州认可约翰·F.克里当选；而在全国平均值之下的25个州中，有17个州支持克里，只有7个州拥护布什。换句话说，竞选地图和慈善地图的格局非常相似。①

这些数据在关键的各个州是与竞选结果紧密相关的，每个州的善款占家庭收入的平均百分数与大众投票给布什先生的比例数紧密地联系在一起。当年在布什得票率为60%或超过60%的那些州里，家庭捐款占收入的平均比例是3.5%，而在布什的得票率低于40%的那些州，对应的比例只有1.9%；2003年，在布什的支持率最高的5个州中，它们的家庭捐款额比布什得票率最低的东北部的5个州的善款额要高出25%，而具有自由主义倾向的这5个州的家庭平均收入却超过另外那5个具有保守主义倾向的州的38%。②

---

① 美国平均捐赠占家庭收入的比例是2.8%，这个比例来自于对中等收入家庭的统计，它详细列举了他们的各项慈善性支出，由于几乎没有对那些最低收入者进行说明，只有由中产阶级为起点，只有在可用收益方面上的数据才有效，所以因忽略了那些最低收入的保守派的捐赠，也就人为加大了自由派的捐赠比例，实际上，那些收入极低的保守者的捐赠额占了他们收入相当高的比例。选举地图和捐赠地图的统计结果相一致，"慷慨指数"（Generosity Index）的统计结果相一致，"慷慨指数"每年都以捐款收入对美国各州进行排位，而且通常那些"红色各州"每年的捐赠都多过"蓝色州"。参见G.杰佛里·麦克唐纳《哪些是美国"吝啬的州"？不妨看看蓝色的那些州》（Who Are the Nation's 'Cheap states'? Try the Blue Ones），《基督教科学箴言报》（Christian Science Monitor），2004年12月22日，http://www.csmonitor.com/2oo4/1222/p15sol-ussc.html（检索日：2006年3月6日）。

② 参见2003年的PSID。在布什得票率为50%~60%的那些州里，家庭平均捐赠额与家庭收入的比例是3.1%，在得票率为40%~49%的那些州，平均捐赠额与家庭收入的比例为2.5%。布什当年得票率最高的前5个州分别是：犹他州（71%）、怀俄明州（69%）、爱达荷州（68%）、内布拉斯加州（67%）以及俄克拉荷马州（66%），而得票率最低的州是：哥伦比亚特区（9%）、马萨诸塞州（37%）、佛蒙特州（39%）、罗德岛（Rhode Island）（39%）、纽约州（40%）和马里兰州（43%）。

保守主义占优的那些州的志愿者人数同样也高于自由主义占优的那些州。2003年，在名列"布什州"前茅的5个州中，志愿者人口要高出支持率最低的5个州51%，而且每年平均总的志愿时间也高出12%；倾向共和党的这些州的居民为宗教机构做义工的比例也是后者的2倍，而且在世俗方面也是如此，例如，帮助贫困者的志愿行为是后者的2倍。①

可以断言，假如吉米·卡特得知他曾经大声谴责过的那些自私自利的美国人几乎大多数正是选举他成为总统的那些人，他一定会瞠目结舌，半响无语。

这些结果可能会令你震惊，它们确实曾让我歉歉不已。许多人一定会反对这些结论，那么就让我们就此展开辩论。

有人一定会质疑我对慈善行为的定义过于狭隘，而且仅仅关注自愿的捐赠行为，却把最重要的一种手段排除在外，而许多美国人正是通过这种方式将他们的财富转移给了穷人，我当然知道他们所指的就是纳税。毫无疑问，自由派一贯支持政府的社会福利政策，而且他们也坚信，这些政策可以改善许多美国人的生活。2002年，确实有48%的自称是自由主义者的人认为政府用于福利计划的开支太少，大约只有9%的保守主义者持有相同的态度。那么，对福利计划的支持是否属于慈善的范畴呢？

我不这么认为，美国的保守主义者和自由主义者同处于一个相同的民主社会，而且公共政策对这两个群体的影响是公平的，它并没有偏袒某一方。自由派通常会抱怨政府在社会福利计划上的开支太少，而保守派常常会认为政府此类的开支过大，究竟哪一方的态度是正确的呢？实际上，主流的政策或多或少地反映出投票者的意愿，而且个人的观点几乎不能左右政府的政策，除非你自己的观点顺乎民意，所以完全不能仅仅根据我是否支持加大对富人的税收或者赞许政府社会福利计划的态度，就断定我是不是一个有同情心的人。尽管许多面向穷人的公共政策的冷酷性会引起人们的义愤，而人们的愤怒可能会

---

① 参见2003年的PSID。

产生对道德正确性的思考，而且它很可能是正义的，但是它并不能解除任何人的痛苦。更为糟糕的是，如果道德上的义愤仅仅是个人慈善行为的替代品的话，那么穷人的困境就会比以前更恶化、更糟糕。①

有人还会认为，除非我考虑一个人的捐赠动机，否则就会把保守派的捐赠与"真实的"慈善混为一谈。例如，假设身为共和党人的某位投资银行家为了提高自己的社会地位把钱捐给城市歌剧院，那么我们可以称之为"慈善"吗？对此，乔治·伯纳德·肖（George Bernard Shaw）是这样解释的："大多数由富翁以'慈善'的名义捐出的美元，它们都是赎罪金、'赎金'、政治行贿，而且是为了赢得美名，以支票换取道德声誉当然要比转动转经轮轻松得多。"换句话说，如果某些或很多的保守派人士的捐赠动机不是真正无私的，我们或许不应该将他们的捐赠称为慈善。②

纵观美国历史，以前就曾经出现过这种推理方式。在19世纪末，被人称为百万富翁的企业家和慈善家安德鲁·卡内基（Andrew Carnegie）生前就备受非议，其原因就是人们推测他所谓的善举是没有仁慈之心的行为。卡内基在其著名的《财富的福音》（The Gospel of Wealth）中有过这样的陈述："当他去世的时候……身后还有家财万贯，是可耻的事情。"而具有讽刺意义的是，他死时的遗产依然很庞大。但是，人们不能认为他所谓的"耻辱"是不劳而获的，他一生至少捐出了3.5亿美元（相当于今天的40亿美元），并用这些款项在讲英语的世界里修建了2509个图书馆。不过在许多人的心里，这些还不够好。某位自由派的慈善专家就拒绝承认卡内基和其他人类似的捐赠动机是慈善的，"因为，更确切地说，像卡内基这样的捐赠只不过就是补

---

① 参见2002年的GSS。
② 参见乔治·伯纳德·肖（George Bernard Shaw）《百万富翁们的社会主义》（Socialism for Millionaires），《费边社会主义评论》（Essays Fabian Socialism, London: Constable&Company Ltd., 1949）。

偿由巨额财富带来的罪行的一种方式而已。"①

但是有谁能够真正了解他人的行为动机呢？如果仅凭想象或猜测某位捐赠者的动机不纯就排斥这样的慈善行为，那么它只能是某种阶级的狂妄自大的行为而已。许多社会学家已经认定捐赠的动机具有多样性，其中包括：从捐赠中感受到"散发热情"、自己所属的社会团体（例如教堂）的要求、内心的罪恶感或内疚感、责任义务、社会压力以及追求社会地位和名誉。同时，大批的研究人员通过对人的主体性的室内实验研究后甚至发现：貌似真正的利他主义的捐赠对象常常是捐赠者所陌生的群体，而且他们以后永远不会再与这些人联系。②

从根本上讲，捐赠者的动机不是最重要的，慈善依赖于行动并不在于动机，追寻动机会产生类似这样的一个荒谬结论：某位一毛不拔但拥护帮助他人理念的人比另外一个有善举但外表上不显仁慈之心的人更具有慷慨之心。尽管这个结论可能会有神学价值，但无益于理解私人的慷慨行为以及它给社会带来的许多好处，而且听起来，这好像是一个不开支票的借口。

第三种反对保守派实际上是仁慈的论点是，许多保守派的捐赠没有帮助那些"真正贫困"的人们，善款的绝大部分都捐给了教堂和上流社会的非营利机构，例如大学和交响乐团等等。政治"左派"人士都有这样一个共同的观点：如果捐赠品不能减轻或促进社会平等，那么它们是不具有慈善性的。没有一个例子比这个发生在 2005 年的事情更适合体现上述的观点了，当时《纽约时报》（*New York Times*）特别对"捐赠"做了一个专栏，在头版上有一幅非常有创造性、想象力的配图：正在揭开的一个

---

① 参见大卫·瓦格纳（David Wagner）《它带来的是哪种爱？审视美国的慈善》（*What's Love Got to Do with It? A Critical Look at American Charity*, New York: New Press），2000，第 94 页。

② 参见弗里德里希·施奈德（Friedrich Schneider）和沃纳·W. 波梅雷尼（Werner W. Pommerehne）《自由行为与集体行为：大众微观经济的实验》（*Free Riding and Collective Action: An Experiment in Public Microeconomics*），《经济学季刊》（*Quarterly Journal of Economics* 96, No. 4），1981，第 689 页。

盛着鱼骨头的大银盘。它很清晰生动地暗示了，美国的慈善（大部分是富人和信奉宗教者的捐赠，当然其中很多人都是保守派）表面上看很像一场盛宴，但是实际上现实中根本就没有这样的事情。在题为"何谓慈善"的头版文章中，《纽约时报》认为，美国的慈善事业"正在远离那些最需要慈善援助的美国人"，之所以有这样的结论，就是因为即使在过去的50年里美国的捐赠大大增加，但是像流动厨房和收容所这种公共事业服务机构得到的善款却逐年下降，大部分的捐款没有转给这些机构而是依据捐赠者的要求转赠到了他们感兴趣的地方，例如交响乐团、知名医院以及宗教机构。那么结论就是：因为这些捐赠不能帮助美国贫困的人们，所以它不是真正慈善的捐赠。①

这种论点歪曲了许多事实。首先，美国善款数目的激增在很大程度上补偿了比例相对较低的对公共事业的捐款数目，也就是说它的绝对数目增加了，所以随着人口数量增加并排除通货膨胀的因素后，2004年美国人均捐给公共事业的善款还是高出1960年14%；其次，在同一期间，美国人低于贫困线之下的比例下降了一半，同时政府在解决贫困方面的支出也超出了500%。也就是说，虽然美国依然存在着贫困，但在过去的50年里，贫困现象已经有所降低，但是那些用于改善贫困的私人善举并没有减少，从1955年到2004年，那些所有出于各种动机的真正的私人捐赠还是增加了5倍。这意味着越来越多的帮助位于贫困线之下的人们的慈善机构是由私人捐款建立的。简而言之，关于基于不正当的理由的捐赠的论点绝对是不正确的，但是虽然事实如此，可那种观点依然在盲目流行。②

然而，假设保守派的捐赠真的只是捐给教堂和上流社会的非营利团体，那会怎么样呢？这会使它成为不正当的捐赠吗？毫无

---

① 参见斯蒂芬妮·施特罗姆（Stephanie Strom）《何谓慈善?》（What Is Charity?），《纽约时报》（New York Times），2005年12月14日F1版。
② 参见亚瑟·C. 布鲁克斯（Arthur C. Brooks）《我们今天的捐赠方式》（The Way We Give Now），《华尔街日报》（Wall Street Journal），2005年11月21日A16版。

疑问，某些左翼人士坚信慈善捐赠的对象是至关重要的，例如美国的政治"左派"最近满怀宗教热情地抨击价格低廉的零售巨人——由萨姆·沃尔顿（Sam Walton）创建的沃尔玛公司，他们带着挑剔的眼光审视并批评沃尔玛公司的每一个商业举动，其中包括公司的慈善事业以及沃尔顿家族的捐赠。2005年，一个拥护自由主义的组织——国家公益慈善回应委员会（NCRP——National Committee for Responsive Philanthropy）公布了一个报告，它谴责沃尔玛公司及其家族向学校派发优惠购物券，并指出沃尔玛公司表面上是给保守派的智囊团捐赠而实际上是为了"保守主义的政治议程和个人的财政回报"，根据这个报告所言，"沃尔顿和沃尔玛公司的慈善事业应当受到缜密的审查而不是赞扬"，由于沃尔顿家族不赞赏NCRP支持的事业，所以NCRP完全相信他们的行为不是仁慈的捐赠。

这类观点简直就是不可救药的主观主义和危险地傲慢自大的表现。毋庸置疑，多数人都认为自己的动机要比别人的好得多，保守派的人们认为对传统基金会（Heritage Foundation）的捐赠要好于捐给美国公民自由联盟（American Civil Liberties Union），而无神论者则会认为给教堂的捐款纯粹就是浪费金钱。那些个体或团体为了避免自己的捐赠被排除在外就拒绝认可其他人的奉献的做法是不明智的，每一个人都会对他或她事关重大的理由加以考虑，而且不同的人都有各自的答案，某些人会捐给流动厨房，而另外的人会捐助纽约大都会博物馆（Metropolitan Museum of Art）。我们理应感谢这些差异，这就是美国人支持如此之多的计划的原因，从市中心的更新改造、大学到那些伟大的博物馆。当然许多社会福利计划毫无疑义是必须的，但交响乐团和私人大学也同样重要，如果在文化、教育、宗教和研究方面的无私奉献都是出于满足人类的基本需求的话，那么多数的美国人就会忧郁寡欢了。

谈到个人的慈善捐赠，我们知道保守主义者比自由主义者具有明显的优势，因为这一发现彻底驳倒了流行的政治名言，这些争论似乎应该圆满地在这里结束了，然而这并不是故事的最终结局，就是由于我们不能仅仅因为保守派比自由派乐于捐赠，就武断地认为意识形态造成这一差异。当我们不参考所有的个人特征常数的时候，我们就会知道，捐赠形式往往不能分辨出政见迥异的人们，这也就意味着政治意识形态本身不是产生各种慈善差别的决定因素，那些附和政治信仰的思想态度反而能对我们观察到的在不同意识形态的团体之间的那些差异做出解释。

当然了，保守派和自由派有许多不同的行为方式，但是从他们之间四种不同的生活方式和世界观可以进一步解释为何保守派通常会比自由派慷慨，下面的四个章节会对此进行更深入的探讨，而这些原因也就是这一章讨论的捐赠差异背后的真实故事。

那么我们应该关心慈善中的政治差异吗？的确应该如此，因为政治意识形态在美国的文化中是占有统治地位的，当了解了许多事实后，许多持有强烈的政治观点的人们或许会改变他们的态度。首先，那些心地善良的自由主义者可以参考这些事实，修正自己对慈善的某些观点，同时不再轻视那些保守主义同胞的慈善行为；其次，那些仁慈的或内心具有善良情怀的自由主义者可能把这些信息作为冲锋号，其结果就是出现越来越多的捐赠行为；最后，当我们面对花言巧语的改革者把慈善作为武器的时候，这些事实可以帮助我们做出回应；而且这些事实有利于我们准确地、公正地看待美国的政治辩论。

第二章
信仰与慈善

　　对那个一生都想着我的爱的人
　　或者是为了我一如既往做出善举的人
　　在看到如此的慈善和仁慈的同情心时
　　当他在生命尽头呼唤我
　　并真心忏悔的时候
　　我会出现在他眼前,他所有的罪过都可以得到宽恕。

　　　　——杰拉德·曼利·霍普金斯(Gerard Manley Hopkins, 1844~1889)①

　　这里有一个颇为令人关注的事实:每年旧金山家庭的平均捐款与南达科他州的家庭相差无几,几乎都是1300美元。如果这两个相距1500英里之遥的社会在所有其他的方面都这么一致的话,就有些不可思议了,南达科他的人口与旧金山差不多,面积却是它的1615倍,南达科他州拥有大学文凭的人只有旧金山的一半。②
　　对这个1300美元的善款来讲,它自身也代表着巨大的差异,因为旧金山的年平均家庭收入高出南达科他州家庭的78%,南

---

① 参见杰勒德·曼雷·霍普金斯(Gerard Manley Hopkins):《对那个一生都想着爱我的人》(To him who ever thought with love of me),载罗伯特·布里奇斯(Robert Bridges)《杰拉德·曼利·霍普金斯诗集》(*Poems of Gerard Manley Hopkins*)。
② 2000年SCCBS显示:旧金山家庭平均捐款数目是1279美元,南达科他州的是1286美元。

达科他州和旧金山的家庭平均年收入分别是 45364 美元和 80822 美元,所以对南达科他州一个年收入仅为 45364 美元的家庭来讲,1300 美元善款的奉献意义要远远大于旧金山的一个年收入为 80822 美元的家庭。那么两地相同的捐款所表现出来的真实差异就是:南达科他州的家庭年平均捐款所占其收入的比例高出旧金山家庭 75%。①

我曾经就此讨教过南达科他州社会基金会的执行官,为什么南达科他州的居民能捐出如此之高比例的善款?她的回答不待片刻犹豫:"宗教!这里的人们都接受过什一税的训导。"这里所指的就是那些信徒遵照圣经的训喻将他们收入的 10% 作为捐赠。而且她还进一步解释,即使是那些不定期去教堂的人们也会捐出很多的钱,因为他们的父母曾经这样教导过他们,而这些人的父母可能常去教堂。倘若南达科他州的人们从宗教活动中学到了慈善,那么宗教的贫乏是否可以解释旧金山如此之低的慈善水平呢?当我把这个问题甩给旧金山基金会的董事长后,她的回答也是干脆的:"完全正确!这里就是一个无神论者的乐园,人们觉得自己没有捐献的义务。"许多调查数据也验证了这些说法,大约 50% 的南达科他州居民每周都去教堂,而旧金山的比例只有 14%;另外,49% 的旧金山居民从不上教堂,而南达科他州的这个比例降到 10%。②

此时这两位基金会的董事长都在强调宗教会使人们的行为变得慈善大度,如果这样的说法是正确的,那么为何会产生这样的结果?而世俗主义又为什么会抑制捐赠行为呢?也许还有一些我们无法看到的少数原因,而且南达科他州和旧金山的捐赠差异要远远低于捐给教堂的什一税。在研究宗教与慈善的关系时,我曾经提出过这些问题,然而得到的许多答案都令我非常吃惊。

从理论上讲,宗教对慈善有两种不同的影响方式。一方面,

---

① 参见 2003 年美国社区调查(ACS),http://www.census.gov/acs/(检索日:2006 年 3 月 15 日);2000 年 SCCBS 的 2000 年平均收入数据统计。
② 参见 2000 年的 SCCBS。

第二章 信仰与慈善

我们或许可以相信，宗教信仰可以使人产生一种积极的、与人为善的倾向，让人们在面对他人的时候具有慈善的行为。毕竟那些信奉主流宗教的人们经常被告知，应该去关怀其他人，甚至要关爱自己的敌人。所有主要的基督教传统都要求信徒去捐赠，在《新约》里，基督就曾说过："你们要给人，就必有给你们的，并且用十足的斗升，连摇带按、上尖下流地倒在你们的怀里；因为你们用什么量器量给人，也必用什么量器量给你们。"而其他宗教也有类似的要求，以天课（zakat）形式体现的慈善是伊斯兰教的第四个基柱；犹太教以公义（tzedaka）支持需要帮助的同道之人；印度教也告诫我们："在许多方式中，找到并恪守有怜悯心的方式，它可以使你获得解脱。"①

另外一方面，特别是当某些组织和计划远远脱离了正常的信仰社会的时候，宗教也可能阻碍慈善行为，不是每一个人都相信宗教即意味着美德，尤其是"9·11"事件，当恐怖分子袭击了纽约和华盛顿特别行政区以后，许多人清晰无误地表示，宗教——宗教的狂热行为应当为这起悲剧负责。人们提醒我们，以往许多的邪恶往往都是打着宗教的大旗，例如500年前西班牙的宗教法庭（Spanish Inquisition）② 以及今天的塔利班。

但事实是毋庸置疑的：信奉宗教的人们远比世俗主义者仁慈得多。在多年的研究中，迄今为止我还从没有发现过一种调查方式，它可以证明世俗论者比宗教信徒更加慈善。

首先让我们从何谓"信奉宗教者"和"世俗论者"的定义谈起，许多相关的调查问卷都会询问人们多长时间去一次宗教场所，在我看来，"信奉宗教者"是那些几乎每个星期都去一次或多次的人们，这些宗教信徒大约占美国人口的1/3；而"世俗论者"是很少去宗教场所的那些人，他们在一年内也只去寥寥几次或从来不去，以及那些自称没有宗教信仰的人；而其他大约

---

① 参见玛拉基书第3章第10节，路加福音第6章第38节；薄伽梵歌（*Bhagawad Gita*）第18章第6节，法句经（*Dhammapada*）第224页。
② 1480~1834年的西班牙天主教法庭，以残酷迫害异端著称。——译者注

40%多一点的人在调查问卷中都公开表示信教而且有时但不定期去宗教场所。当然还有许多其他的区别宗教信徒和世俗论者的方式方法，但我将要说明的是，无论如何定义宗教信仰，关于慈善的调查结果都是一样的。

2000年的一次大规模的全国性调查显示，81%的美国人表明自己捐过善款，57%的人做过义工，可是在宗教信徒和世俗论者之间，他们捐赠和做义工的比例有明显的差别，宗教信徒捐献的比例高出世俗论者25%，他们的比例分别是91%和66%；而做义工的比例差是23%，二者的比例分别是67%和44%。

我们不应该仅仅关注捐赠与否的可能性，他们的捐款数量和志愿服务次数又如何呢？这项内容的对比再次加大了两个群体之间的差距。2000年，在年收入同为49000美元的家庭中，宗教信徒每年的善款大约是世俗论者的3.5倍，两者对应的平均值为2210美元和642美元；在义工方面，前者的志愿时间是后者的2倍，他们每年的志愿服务次数分别为12次和5.8次。

宗教信徒对宗教组织和宗教慈善团体的捐献是比世俗论者多一些，但这一点不足以完全解释慈善整体上的巨大差距，如果宗教信徒和世俗论者有着同等的大度之心，前者捐献给教堂，后者捐给红十字会，那么我们在捐赠总额上就看不到区别了，但是他们捐赠数量之间的差距却是一个不可否认的事实，而且这里还需要特别补充的是，这些捐款的宗教信徒的年收入并不比世俗论者的年收入高。

这些差距可能是宗教本身造成的，也可能是那些与非宗教相关联的某些特性有关，例如也许是种族、教育程度或性别，但非宗教的差异并不能从根本上解释大部分的差距。如果对这些差异加以条件限制，宗教信徒和世俗论者之间依然存在巨大的差距。例如，假设有两位妇女，她们的年龄都是45岁、白人、已婚、年收入5万美元而且都接受过一年的大学教育，二者唯一的不同就是，一位每星期都去教堂，而另一位从不去教堂。在这种条件下比较的结果是，那位常去教堂的妇女每年的善款数比后者多21%，而志愿时间也会多出26%，此外，她每年至少打算捐出

1383美元的善款，而且至少会做6.4次的义工。①

在评估那两位妇女慈善行为的过程中，宗教信仰使其他可能性之间的差异变得很小。例如，上述仅由于宗教信仰造成的差别是50岁和20岁的年龄因素造成差距的7倍，而且也高于大学毕业生和肄业生之间的差距。尽管宗教和政治结合在一起可以大大激励慈善行为或造就自私行为，但在后面，我们还会看到宗教差异的影响同样会超过政治差距带来的影响。

诸位可能会怀疑，我定义的宗教信仰在某种程度上会对结论造成偏差，因为不同的宗教和派别对人们参加宗教活动的次数以保证他的"行为良好"的状态的要求不同。例如，某个虔诚的天主教徒每天可能都是领圣餐者，而另一位恪守教规的犹太教徒可能只是在大圣日做礼拜，因此不能满足每周都参加宗教仪式的评判标准。而且也许你还会争辩，参加宗教活动可能不应该算是特定的宗教行为，某些人属于宗教社团是出于社会原因而不是精神原因，而且甚至有些人可能为了使他们自己或其他人心安理得而夸大了自己的捐赠情况。②

那么就先让我们把是否参加宗教仪式或活动放在一边，参考其他一些有同样差异的宗教和精神行为，其结果也同样引人注目。首先排除是否去教堂这一因素，每天都做祈祷的人的捐款比例高出从不祈祷的人30%，二者的比例分别是83%和53%；而仅仅属于某个圣会的群体（这里也不考虑他们是否参加圣会的活动）的捐献比例也高出那些没有宗教归属的人32%，他们对应的比例为88%和56%；而且那些表示对自己的精神生活奉献

---

① 在对世俗者和宗教信徒的参与次数以及其他所有上述提到的人口统计的参数加以控制后，对捐赠可能性的probit和tobit模型估计的边缘效应产生出这些结果。
② 由于这里缺乏相应的数据，使我们不能得出那些经常去教堂的人是否比不去教堂的人更乐于或不愿意在调查问卷中夸大自己的捐赠数量。一方面可以说，由于自身是一个有信仰的人，他们能感觉到来自慈善行为的压力，他们有可能会因此比那些不去教堂的人更乐于夸大事实；而另外一面，他们也许更不愿意歪曲自己的捐赠情况，其原因就是他们感觉应该对能量更高的人负责，而此人大概不会被调查的结果所愚弄。

出"极大的努力"的人比那些零奉献的人更富于爱心,前者的捐款比例超出后者42%,捐款比例是88%对46%。甚至对信仰本身的认知程度也与慈善行为息息相关,对那些抱有"只要你心地善良,信仰与否并不太重要"的人来讲,他们的捐献比例是69%,参加义工的比例是32%,而那些认为信仰确实很重要的人的相应比例则为86%和51%。①

这些结果并不局限于那些特定的宗教信仰,它与某人信奉的教义没有太大的关系,只要能够真诚对待即可。2000年,对那些定期参与宗教活动的信徒而言,91%的天主教徒、91%的犹太教徒和89%的其他宗教的教徒做过慈善捐赠,而新教徒的比例最高,他们的比例为92%。②

在某些特定的州和地区里,宗教信徒和世俗论者之间的慷慨差别是非常明显的。以阿肯色州为例,阿肯色州每千人大约就拥有两座教堂,这个比例名列全国第四,这里的居民平均每年捐出的善款占他们收入的3.9%,这一比例在各州排名中位列第五,阿肯色州是一个非常典型的例子。而2000年在人均拥有很多教堂的25个州中,其中19个州的家庭捐赠都高出全国的平均值,所有这些都能说明,那些资助许多教堂的社区乐于奉献他们的时间和金钱,同时也解释了这些地区为何拥有如此之多的教堂。③

---

① 参见盖洛普公司(Gallup Organization)出版的罗伯特·伍斯诺(Robert Wuthnow)所著的《1999年艺术和宗教调查——ARS》(*Arts and Religion Survey 1999*),那些"对其精神生活投入极大努力"的人群的比例分别是:天主教徒15%、犹太教徒11%、摩门教徒59%、东正教徒44%、伊斯兰教徒43%、其他宗教28%,也许更为荒谬的是,其中还包括无神论者和不可知论者的6%。

② 参见2000年的SCCBS。

③ 宗教场所的数据来自于美国宗教团体统计协会(Association of Statisticians of American Religious Bodies,ASARB)的《2000年美国的宗教组织和成员》(*Religious Congregations and Membership in the United States 2000*);慈善水平引自2001年美国国税局(Internal Revenue Service)的数据统计。参见《收入不同的纳税人有多少慈善性支出:各州的细目分类》(How Much Taxpayers of Different Income Levels Wrote Off in Charitable Deductions: A State-by-State Breakdown),《慈善纪事报》(*Chronicle of Philanthropy*),2002年8月8日。

第二章 信仰与慈善

那么在世俗者占多数的州，善款的情况又会怎样？这些州的非宗教性的捐款也抵不上教堂非常多的那些州的捐献。比如马塞诸塞州，每千人只拥有0.54座教堂，这个比例仅列全国第48，它的居民每年只将家庭收入的1.8%用于各类捐赠，这是全国最低的捐赠比例，而且的确在人均拥有教堂最少的25个州当中，19个州的各类善款比例都低于全国的平均水平。

我们知道，那些政治保守的"红色州"的捐赠比自由主义的"蓝色州"多得多。有位慈善专家与那位旧金山基金会的董事长的表达方式一样，同样用宗教因素对这一政治现象做出如下的解释："他们是信奉福音主义的新教徒，他们恪守什一税，而且他们的捐赠与其收入成比例。就这里而言（在东北蓝色的州），宗教信仰不能帮助我们捐赠，我不想说它对捐献有负面影响，但是起码它没有帮上忙。"这种看法——较低的宗教参与水平不会有助于捐赠——相当保守地道出了世俗主义对慈善的影响。①

到此为止，这些证据还是相当有说服力的，但是对我所做的宗教信徒和世俗论者的捐赠比较还是有许多质疑之声，许多聪明睿智的人相信，宗教性质的捐赠和志愿服务并不具备真正的慈善意义，它们只是类似于捐给俱乐部的赠物。虽然我不同意这些观点，但我必须认真加以对待，而且还会反问："如果仅仅关注那些出于世俗原因的时间和金钱的捐赠，那么怎么对宗教信徒和世俗论者进行比较？是否那些巨大的捐赠差距就会消失得无影无踪？"

事实远非如此，在对所有的非宗教性行为的评估中，例如对世俗捐赠、非正式的捐献甚至善意和诚实行为等的调查，事实都证明信奉宗教的人们比世俗论者更富于仁爱。

---

① 这位慈善专家就是波士顿《慈善事业期刊》（Catalog for Philanthropy）的乔治·麦卡里（George McCully），他参照各个州捐赠水平排列的编纂了年度"慷慨指数"（Generosity Index）。参见G. 杰佛里·麦克唐纳（G. Jeffrey MacDonald）《哪些是美国"吝啬的州"？不妨看看蓝色的那些州》（Who Are the Nation's "Cheap states"? Try the Blue Ones），《基督教科学箴言报》（Christian Science Monitor），2004年12月22日，http://www.csmonitor.com/2004/1222/plssol.ussc.html（检索日：2006年3月6日）。

2000年，68%的家庭对没有宗教色彩的慈善机构有过捐款，51%的志愿服务也是出于世俗的原因，捐献给世俗的慈善团体的平均家庭善款为502美元，这类捐款大约占总捐款的37%，这些数据告诉我们，美国世俗性的捐赠要多于对宗教场所和宗教机构的捐赠。

但如此之高的非宗教性的捐赠水准并不意味着宗教信徒和世俗论者的非宗教性捐赠是相同的，尽管在世俗性捐赠上，二者的慈善差距并不像他们在所有类型的捐赠上的差别那么大，但是信奉宗教的人们给诸如美国联合慈善总会（United Way）这样的非宗教机构的捐款依然超出对方10%，此类的比例分别为71%和61%；而前者以非宗教理由做义工（例如在当地的PTA做义工）的比例也多过后者21%，对应的比例是60%对39%；另外，宗教信徒家庭的平均捐款额也高出后者14%。①

这里再一次强调，这个差距的确来自于宗教因素，假设有两个人，他们在所有方面都极为相似，唯一的区别只是是否信奉宗教，通过比较，经常做礼拜的人对非宗教慈善团体的捐赠要比这个世俗论者多9%，而且前者对这些组织每年要比后者多捐献88美元，同样他或她做义工也会比对方多25%。②

对世俗事业的善款和志愿时间并不是世俗性捐赠的唯一形式，对其他家庭成员和朋友的捐款又如何呢？十分类似，世俗论者在这方面的表现也逊色于宗教信徒。例如，2000年非正式形式的捐赠数据显示，在帮助其他家庭成员和朋友方面，归属于宗教团体的人们的捐款比例比没有宗教归属的人多8%，此外前者

---

① 参见2000年的SCCBS。
② 通过控制世俗和宗教性的参与数和所有其他相应的统计参数，对捐赠和义务服务的probit和tobit模型估计的边缘效应产生这些结果。为了能小心谨慎、公正地区别哪些人属于"信奉宗教的"，让我们也关注不同形式的宗教上和精神上的行为。在1999年，在对非宗教的慈善团体的捐赠方面，每天祷告的美国人比从不祈祷的人要高16%；教会成员比非教会成员高出18%；那些对自己的精神做出"许多努力"的人比那些没有做出努力的人高出28%；此外，那些持有"只要你是个善良的人，信仰并不那么重要"的观念的人比无此信念的人要多8%，以上数据来自于1999年的ARS。

的非正式捐款额也比后者高46%。①

甚至当我们谈论对待他人的那些非正式的善意行为时，结论也颇为相似。2002年，那些宗教信徒在献血、对流浪街头的人们施以食物和零钱、退还找错的零钱以及对不幸的人表示关怀等方面都优于世俗论者，而且世俗论者非正式的慈善行为的频率也没有宗教信徒的高，例如，在一个月内至少出手一次帮助流浪汉的善意行为，宗教信徒的比例也要高出世俗论者57%。②

这并不意味着世俗论者从不表现出善意和慈善的行为，也不能表明那些信奉宗教的人们经常会那么做，但是统计数据显示他们之间的差距还是非常大的。所以依据统计结果，我们可以在日常生活中看到某些现象，例如收银员多给一个经常去做礼拜的人找了零钱，那么还钱的概率大于50%，而大约有60%的世俗论者不会这么做；如果工作单位有献血的要求或同事要求大家献血的话，那么宗教信徒响应的人数要多出世俗论者2/3。这些证据说明，慈善的差距与日常的品德差别相一致，而这两个表现都与是否具有宗教行为有关联。

让我们将信奉宗教的人和世俗论者的差距揭示得更明了一些，那就得从美国世俗性慈善中的一个重要事件谈起，没错，就是对2001年9月11日恐怖袭击事件的捐赠。在这场悲剧后的数周内，大约2/3的美国人为"9·11"事件捐款，同时有1/4的美国人以其他的方式作出了自己的奉献，例如献血。这是面对悲剧事件从未出现过的令人惊讶、史无前例的爱心反应，而且慈善的迸发超越了美国社会的多元政治。然而就在这里，宗教依旧扮演着一个重要角色，从未去过教堂的人对"9·11"事件捐赠的比例要低于经常去教堂的人11%，他们的比例分别是56%和67%，即使排除个人属性，例如年龄、收入、教育程度、性别、

---

① 参见2000年的GVS。
② 参见2002年的GSS。

种族和家庭规模，世俗论者的捐赠比例依然低于信奉宗教的人10%。①

很明显，如果仅凭对宗教场所的捐赠，宗教信徒在慈善方面绝对胜不过那些世俗论者，但不容置疑的是，信奉宗教的人确实在每一种评价方式中都强过世俗论者。那些声称宗教信徒大部分的捐赠"不过是"为了宗教场所的世俗论者，以及以此抨击这些宗教信徒的慈善行为的世俗论者应该注意到，对众多的世俗人群来讲，他们宗教性的捐赠几乎为零，而且较之更甚的是，在世俗方面，世俗论者也同样比宗教信徒缺乏爱心。

为何这些世俗论者如此冷酷无情？只要对他们提几个简单的问题就可以解释，在询问的过程中存在一个有趣的现象，这些世俗的非捐赠者比那些信奉宗教的非捐赠者更疲于对自己贫乏的慈善心进行辩解。假设有两类没有慈善捐赠的人群，一类是世俗论者，而另一类是宗教信徒，前者强调他或她从未受到邀请的次数是后者的2倍，而且即使这类世俗非捐赠者的平均收入比后者多16%，他或她声称自己没有能力捐助的次数也是后者的3倍。在这些非捐赠的世俗论者的托词中，最为普遍的是：我们只通过工作单位进行捐赠（原话就是"我在办公室捐款了"）或者他们"不信任慈善事业"。②

认为慈善团体是"浪费捐款"的世俗论者的人数也是宗教信徒的2倍，而这个观点对宗教性的团体尤为普遍，而且这一观点还远远超过某些狂热的无神论者的看法。乔治·索罗斯（George Soros）的开放社会研究所（Open Society Institute）是一个世界性的鼓励大众社会慈善积极性的组织，其副总裁就认为那些依赖宗教捐赠者的宗教团体的运营成本比他们这些世俗性的团体昂贵得多，而且"它们有这样的计划，通过《圣经》的课程，让那些毒品瘾君子认识到其行为是一个可治愈的罪孽深重的行

---

① 参见《美国捐赠调查》(America Gives Survey)，印第安纳大学慈善研究中心 (Indiana Center on Philanthropy)，2002。
② 参见2000年的GVS和2000年的SCCBS。

为，它们还得到了许多笃定信仰可以解决社会问题的支持者的大力吹捧，然而实际上，它的操作成本要高于常规的治愈吸毒的方法。"①

也许，这些计划的操作成本过大，但它并不该成为咒骂的根据，毕竟宗教性的捐助不意味着把金钱扔到老鼠洞里，或者宗教信徒的慈善关怀就"没有价值"。宗教信徒对毒品瘾君子的精神需求极为关注，同时对他们生理上的问题也是如此，宗教信徒坚信可以看到基于信仰的康复计划（需要私人捐赠的支持的计划）与世俗论者不同，世俗论者只对非信仰的治愈结果感兴趣，世俗论者认为培养毒品瘾君子信仰的做法简直就是浪费资源，而宗教信徒却坚信这种方法是真正康复的根本。所以当听到以立足于信仰对抗毒品的方法的实施成本过高的时候，你也不必太惊讶，毕竟它的目标更有雄心。②

世俗论者们也许用这样的托词解释自己疏于捐赠：不想背负那些不道德的动机，例如恐惧或内疚。很难否认有些宗教信徒内心存在敬畏感和犯罪感，例如在基督教的教义中，耶稣告诫他的追随者，拒绝对贫困的人们行善就是拒绝基督耶稣，基督说过："我实在告诉你们，这些事你们既不做在我这兄弟中一个最小的身上，就不做在我身上了。"那些非捐赠者将来又会怎么样呢？耶稣的回答就是："这些人要往永刑里去，那些义人要往永生里去。"而那些世俗论者经常会因此质问，只是

---

① 参见 Gara LaMarche《富有同情心的厌恶主义》（Compassionate Aversionism），《国家》（*The Nation*），2001 年 4 月 19 日，http://www.thenation.comldoc,/20010507/lamarche,（检索日：2006 年 3 月 6 日）。

② 一位无神论作家为了说明宗教捐赠是浪费金钱的行为，他指出："如果基督教真是强调援助他人而不求回报，那么这些基督教的公共机构就远不会像现在这样，如同大家看到的那样，几乎所有的宗教性质的医院、诊所、学校和大学，它们的收费与非宗教性质的公共机构几乎不相上下或许只是略低一些。那么一位有理智的人就可以由此得出：这些有宗教色彩的医院和学校并不是值得称颂的、利他主义的榜样，实际上，它们是低效率以及是浪费金钱和资源的榜样。"上述内容参见蒂姆·戈尔斯基（Tim Gorski）《关注基督教的慈善》（Concerning Christian Charity），《立论无神论》（*Positive Atheism*），1999 年第 7 卷，第 7 页。

为了避免受到"永刑"(everlasting punishment)的捐赠到底是不是慈善行为。①

我再次强调,判定动机是一种使人误入歧途的做法,慈善是行为而不是动机,而责任、内疚和敬畏都不能改变捐赠者的捐赠事实,那些人只是臆断捐赠者的内心而已,尤其是当人们正在捐赠的时候,我们有谁能够清楚他们的初衷呢?谴责其他人慈善行为的内心动机正是道德干涉的一种表现方式,而且世俗论者正是常常借此鄙视"虔诚的基督教原教旨主义者"。

信仰和慈善之间的关系与美国的政治相关联,虽然信奉宗教的人们远比世俗论者仁慈,然而这些宗教信徒的政治意识与保守主义并不成比例,与此相反,那些相对吝啬的世俗论者的政见反而更倾向自由主义,对政治"左派"的慈善差距的最恰当的解释就是信仰与政见的联系。

不可否认这个联系的存在,例如1999年,在每周都参加宗教场所活动这方面,自称是保守派的人数几乎是号称自由派的2倍;从未去教堂礼拜的自由主义者的人数也是保守主义者的2倍。而意识形态的差异也是一样,无论他们是否去教堂,归属于宗教场所的保守者的比例比自由者多26%;前者每天做祷告的比例比后者高51%;对自己的精神生活做过努力的保守者也多出30%。而在面对信仰者以及宗教殿堂方面,自由者比保守者缺乏认同,例如2002年的统计表明,自由主义者不像保守主义者那样易于接受天主教徒、天主教堂、新教,尤其不能接受基督教原教旨主义的新教徒。②

政治宗教的分歧在重新塑造近代民主党和共和党中扮演了一个极其重要的角色,在政治"左派"中有一句至理名言:所谓的"信奉宗教的右派",也就是福音教徒掌控保守主义的政治观点,牢牢地控制了共和党。在2002年总统选举中,福音教徒乔治·W.布什当选为美国总统,就更加印证了这种观点。大选结

---

① 参见马太福音,第25章,第45、46节。
② 参见1999年的ARS和2002年的ANES。

束后，自由派的许多政治网站展示了一个有讽刺意味的选举结果地图，图中把支持布什的美国南部和中西部各州称之为"耶稣的领地"，同时把支持约翰·F. 克里的各州和加拿大一并称为"加拿大的美国"。

美国的自由主义者已经明确反对他们将美国变为一个保守的神权国家，自由派的组织——旨在教堂—国家分离的美国人民联合会（Americans United for the Separation of Church and State）明确指出："对美国教堂—国家分离的唯一最大的威胁就是被称为宗教权利的运动，那些代表宗教—政治十字军的组织和领导人试图通过政府行为把原教旨主义的观点强加给所有的美国人。"而美国的主流媒体对这种论调不理不睬，依然定期对信奉基督教的保守主义者的权力和影响进行报道。[①]

但是，难道信奉宗教的右派在美国真是独一无二的政治力量吗？舆论势力较弱的是世俗"左派"的政治力量吗？对投票和投票者态度的数据分析已经证明，那些自由派的世俗主义者在构建民主党的平台上与那些左右共和党的信奉基督教的保守者具有同等的影响力。

当我们关注民主党的党徒在民主党全国代表大会（Democratic National Convention）选择民主党总统候选人的时候，就会看到世俗"左派"的力量尤为显著，例如在1972年的民主党全国代表大会中，在提名乔治·麦戈文（George McGovern）作为民主党总统候选人的白人代表中，有1/3的人是世俗论者，他们不是无神论者、不可知论者就是很少或从不参加宗教活动的普通人，这个比例高出当时世俗论者占美国人口的比例，而且这才是初露端倪。到1992年，在推举比尔·克林顿（Bill Clinton）为民主党总统候选人的白人代表中，有60%的人是世俗论者，而20世纪90年代初期的许多调查显示，当时只有1/4的美国人可以定义为世俗论者，也就是说，这些中坚的民主党激进分子是当

---

① 参见 http：//wwwau.org/site/PageServer? pagename = resources religious right。

时拒绝传统宗教活动的人数的 2 倍。①

　　许多美国人越来越相信不仅世俗"左派"控制了民主党而且民主党本身对宗教也有敌意。美国佩尤公众与媒体研究中心（the Pew Center for the People and the Press）每年都对美国人的宗教和政治观点进行民意调查，2003 年的民意调查发现，42% 的美国人认为民主党对宗教的态度是友善的；2004 年，这个比例数降至 40%；而在 2005 年，这个比例陡然跌至 29%；与其相反，2005 年，大约有 55% 的美国人认为共和党善待宗教。②

　　民主党在相对短暂的时间里演变为一个世俗主义的政党，让我们见识一下它如何背离了约翰·F. 肯尼迪（John F. Kennedy）在 1961 年总统就职演说中表达的态度："本着我们唯一可以指望有所回报的善意良知，依着能最终裁决我们功业的历史，让我们着手领导我们热爱的国家，在祈求上帝的赐福和上帝的帮助的同时，也能深切体认，在这片土地上，上帝的工作必定也是我们自己所应承担的使命。"或许还可以看看另外一个民主党人士——林登·B. 约翰逊（Lyndon B. Johnson）总统在 1965 年介绍投票权法案时说过的话："上帝不会赞成我们做出的所有事情，遵循上帝神圣的意愿才是我们真正的责任。"而这些讲话也许可以对民主党政治家在 2006 年政坛的失意做出解释。③

---

① 参见路易斯·博尔斯（Louis Bolce）和杰拉尔德·德·梅约（Gerald De Maio）《我们这个信奉世俗主义的民主党》（Our Secularist Democratic Party），《公共利益》（Public Interest）2002 年秋季号，第 12～13 页；杰佛里·雷曼（Geoffrey Layman）：《分水岭：美国政党政治中的宗教与文化冲突》（The Great Divide: Religious and Cultural Conflict in American Party Politics, New York: Columbia Universtiy Press），2001。

② 参见佩尤宗教和公共生活论坛（The Pew Forum on Religion and Public Life）《宗教：两党的优劣》（Religion: A Strength and Weakness for Both Parties），美国佩尤公众与媒体研究中心（The Pew Research Center for the People and the Press），2005 年 8 月 30 日，http: //people-press.org/reports/pdf/254.pdf。

③ 参见亚当·沃尔夫森（Adam Wolfson）《是一个在上帝庇护下的国家吗?》（One Nation Under God?）中的注释。

如果这本书不是以调查数据为基础的话，那么它完全可以绘声绘色地讲出一个泾渭分明的"两个美国"的故事，一个是信奉宗教的、保守的、慈善的国家，而另一个与之共存的则是世俗的、自由主义的、冷酷无情的国度。事实真相只是保守主义者比自由主义者更倾向信奉宗教和慈善行为，而且在这两大群体中，依然有许多信奉宗教的自由主义者、持世俗观的保守主义者以及慈善和自私的人们。

这些信奉宗教的自由主义者和持世俗观的保守主义者依然与同时代的美国文化格格不入，所以让我们关注一下他们并且将他们与信奉宗教的保守分子和持世俗观的自由者们做一下类比，如果当前的政治和宗教趋势不变的话，他们会给我们带来一些我们可以预见的有关慈善方面的有价值的信息，尽管不会百分之百的准确，但是由此可以看出，他们会使这截然不同、是非分明的"两个美国"在未来会更加如此。

信奉宗教的保守主义者

在这四类群体当中，信奉宗教的保守主义者的人数最多，2000年他们大约占美国人口的19.1%，人数超过5000万。在很多方面他们与全国的平均水平相差无几，例如，他们年收入与全国的平均收入相同，人种比例也相同，受教育的程度与全国平均教育水平相当。但是他们的平均年龄高于国民的平均年龄，结婚的比例也大大高出国民婚姻的平均比例。

在主流的基督教方面，信奉宗教的保守人士是最显眼的群体，所有新教徒的24%以及19%的天主教徒都是信奉宗教的保守者；然而在传统基督教的组织中，他们是占据统治地位的，例如，几乎一半的摩门教徒是信奉宗教的保守者；大约50%的信奉宗教的保守者属于所谓"原教旨主义的"教会，例如纯福音教会（Full Gospel）和神召会（Assemblies of God）；12%的人属于相对不太严格的宗教派别，例如主教会（Episcopalian）；他们几乎与很多自由主义宗教无缘，只有2%的人属于一位论（Unitarians）这样的教派；尽管他们中有 16% 的穆斯林教徒，但总体而言，属于非基督教派的人数很少，在他们当中很难见到犹太教徒、佛教徒和印度教徒。

信奉宗教的保守者在四个群体中是最富有仁慈心的，每年大约有 91% 的人捐款，尽管这个比例只是略微高出信奉宗教的自由派的捐款比例，但他们每年的平均善款数额最高，约为 2367 美元，而美国的平均捐款只是 1347 美元；他们每年志愿服务的比例也高出全国的平均比例 10%，后者是 67%。与大众常识正相反，这些信奉宗教的保守者比全国人民更乐意向世俗性的慈善团体捐赠，总体来讲，这些信奉宗教的保守者和其他人群一样具备同情心，甚至会超过他们，其中也包括他们对世俗慈善事业的捐助。

世俗的保守主义者

与信奉宗教的保守派相比，世俗的保守派的人数只是人口的一小部分，他们只占美国人口的 7.3%，人数大约只有 2000 万。他们与那些信奉宗教的保守派区别很大，他们收入低、文化程度也低，而且倾向独身，一般来讲，他们的年收入比全国平均水平低 10%、高中辍学率高出全国的 48%（这个比例是世俗的自由派的 2 倍）、大学教育程度的比例只有 26%。

与世俗的自由主义者一样，这些世俗的保守主义者很少参与社会事业，至于捐款和义工，他们是四个群体中最不讲慈善的一组人群。在对所有的慈善团体的捐赠方面，他们比信奉宗教的保守派将近低 30%，而对世俗的慈善团体，他们的捐赠也低 16%；他们每年平均的捐款只有 661 美元，大约是信奉宗教的保守派的 1/4；志愿者的比例也低于后者 16%，志愿服务的次数大约只有信奉宗教的保守派的一半而且也只是信奉宗教的自由派的 1/3。这些人在其他人性关怀上也同样匮乏善举，例如给他人让路、在公交车上让座、给迷路者指路或帮助流浪者等等。

世俗的自由主义者

世俗的自由派是第二大群体,2000 年他们占人口的 10.5%,人数接近 3000 万。从人口统计学上看,他们与信奉宗教的保守派截然不同,他们比后者年轻,二者的平均年龄分别是 40 岁和 49 岁;更倾向独身,这个比例分别是 63% 和 36%;前者的受教育程度明显高于后者,前者大学的学历或更高学历的比例为 46%,而后者仅为 33%;更令人吃惊的是,他们的平均收入名列四个群体之首,而且多数都是白人。

很显然,这些世俗的自由派远离宗教场所,尽管他们的确会属于某些社会组织,但是他们真正的参与次数也是寥寥数次而已,例如,他们不像信奉宗教的保守派那样乐于参加大学或专业的兄弟会,尽管他们在读大学生的比例最高,而且他们也不愿意参与体育运动、培养业余爱好或者加入读书俱乐部。然而他们更乐意作为这样一个组织的成员,比如只是交会费即可的这类组织,例如塞拉俱乐部(Sierra Club)和美国全国妇女组织(National Organization for Women)。[1]

世俗的自由派也是吝啬的捐赠者,每年他们的捐赠比信奉宗教的保守派低 19%,比全国平均数低 9%;甚至在世俗捐赠上,他们也比不过后者;他们的捐款比后者低 1/3,只是全国平均值的一半,尽管他们的平均收入高于其他群体;他们的志愿服务比例也比后者低 12%,大约是全国水平的一半。在非正式的慈善方面,他们也逊于其他的人群,例如,在归还找错的零钱上,他们与全民的平均水平有着明显的差距。

---

[1] 参见"大众参与和不平等"(Civic Engagement and Inequality)的马克斯韦尔民意调查,雪城大学(Syracuse University)马克斯韦尔学院坎贝尔公共事务研究所(Campbell Public Affairs Institute),2004,http://www.maxwell.syr.edu/campbell/Poll/CitizenshipPoll.htm。

信奉宗教的自由主义者

他们是人数最少的一个群体,只是全国人口的 6.4%,大约有 1800 万人,从人口统计学上看,他们与信奉宗教的保守派的情况极为类似,双方的平均年龄和年收入几乎相同。然而也有两点迥然不同,首先,到目前为止,他们更多是少数的民族群体,例如他们之中有 23% 的人是非裔美国人,这个比例大约是其他三个群体的 2 倍,也差不多是全国平均比例的 2 倍;其次,他们所拥有的学士学位或更高的学历的比例要高出全国水平的 21%,前面曾经说过,只有世俗的自由派的教育程度高出全国的平均水平。

这个群体中黑人和白人极不相同,黑人松散地归属于不同的保守的基督教教派,例如浸礼会(Baptists)或传统非洲的卫理公会教派的新教圣公会(Methodist Episcopalians);与之相反,白人则属于那些自由主义的教派,例如一位论、基督教科学派(Christian Scientists),还有一些特殊的宗教组织,例如新世纪教(New Age religion)和异教。

信奉宗教的自由主义者,特别是非裔人士,他们在他们的社团中非常活跃,例如,他们比其他群体的人们更加愿意加入各种政治组织、兄弟会、邻居协会以及与年轻人和学校相关的组织。

在捐赠方面,他们与信奉宗教的保守派非常接近,他们捐赠的比例大约为 91%,但他们每年的捐款数额比后者低 10%,然而这两个比例都大大超过全国的平均水平;他们对世俗的捐赠与后者相当,每年有 2/3 的人做过志愿者;在宗教性的志愿服务上,他们略逊于后者,而在非宗教方面,他们又稍高于后者。

当我们从政治和宗教的关系上审视慈善行为后,可以概括地讲,无论他们的政治信仰如何,信奉宗教的人远比世俗论者慈善。信奉宗教的保守者都是普通人,信奉宗教的自由者则几乎是外来人口。这些自由者还是更乐意归属于"世俗的"行列而不是"信奉宗教的"行列,这就是自由派的人们看起来为何是一个冷酷无情的群体的一个重要原因。

那么宗教信仰和保守主义之间强有力的联系对美国政治的未来预示着什么呢?我们从逻辑上或许期望这两个与各自政治母体有明显分歧的群体即信奉宗教的自由派和世俗的保守派,当他们发现自己的宗教信仰(或欠缺的宗教信仰)与其政党之外的人们更为一致的时候,应该逐步减少他们的人数。有些人可能会改变他们各自阵营的力量,例如,共和党人会受到世俗保守者内耗的折磨,而民主党人则会失去一部分信奉宗教的自由主义者。迄今为止,政党变化的预言仅仅实现了一半,目前许多的研究显示,美国大众总体上正在远离民主党而转向共和党,但是当信奉宗教的民主党人转为共和党人的比例高出民主党人转为共和党人平均比例的30%的时候,世俗的共和党人转为民主党人的比例却低于党内转变的平均比例,在改变政党身份方面,信奉宗教的民主党人确实比世俗的共和党人要高出3.5倍。其结果就是民主党一定会逐步演变成为一个无情的政党,在众多自由主义者当中,民主党人愈演愈烈的世俗化也就意味着逐渐加大对慈善行为的抑制力。

正像他们都信奉宗教一样,多数的美国人都是慈善仁慈的,所以,抵制慈善,也就是美国左派的世俗偏见在政治上只会使美国的右派得益。正如许多政治评论家预言的那样,在今后20年里,抵制美国主流价值观即与慈善和宗教信仰背道而驰的左派会使自己脱离社会,将自己置于社会的边缘。

美国的保守主义者应该就此欢呼雀跃吗?我并不那么认为,正相反,那些与我的观点一致的任何人,即坚信慈善行为是善良和健康社会的一个重要特征的人们,一定会和我一样,对弥漫在世俗化的左派中的抵制捐赠的压力感到无比的遗憾。美国分裂为宗教性的捐赠者和非宗教性的非捐赠者的现象对所有的人而言,无论是左派和右派以及世俗者和宗教信徒,都应该成为关爱大众的动力,而且也是一种呼唤,即如何使更多的有不同信仰的善良的人们加入到慈善的行列中去。

第三章
他人的金钱

更加公平的社会是一个不需要太多慈善行为的社会。①

——拉尔夫·纳德（Ralph Nader, 2000 年绿党总统候选人）

本杰明·富兰克林（Benjamin Franklin）在自传中叙述了一个有趣的故事，起因是费城（Philadelphia）要修建一个慈善医院，发起人是富兰克林的一位朋友，他在起始阶段就遇到了麻烦，由于没有筹集到足够的资金，所以无法启动这个项目，于是他找到富兰克林请求帮助。众所周知，富兰克林在非宗教性的捐赠事业上是一位影响力极大的募捐者。富兰克林果真募集了大量的私人善款，但是这些还不足以完成这个项目，于是他决定要求宾夕法尼亚州议会给予支持，为了使议员们顺利地支持他的建议，富兰克林私下精心准备了一个独具匠心的计划，也就是我们今天熟知的"对应捐赠"②（matching grant）方案，为此他还起草了一个资金清单，其中包括州政府应该支付的金额，当然，政府支出的前提就是首先要募集到足够的私人慈善资金。富兰克林之所以对这个计划充满信心，就是因为他知道这些议员会借此为

---

① 参见劳拉·戈伦（Laura Goren）《纳达尔在 NAAP 大会的演讲》（What Nadar Said at the NAACP Convention），《巴尔的摩纪事报》，2000 年 8 月 30 日，http://www.baltimorechronicle.com/media_ nader_ sep00.html（检索日：2006 年 3 月 31 日）。

② 一种有条件的捐赠，其条件是另一方也捐赠类似数量的资金。——译者注

自己赢得个人慈善的美名，况且又不是从他们自己的口袋里掏钱。[1]

正像富兰克林熟知的一样，政治家在派发别人的金钱时，往往会感觉自己特别慷慨。其实今天的情形与富兰克林的时代没有太大的区别，例如，当你行驶在 90 号公路，接近纽约州奥尔巴尼市（Albany）的时候，映入眼帘的肯定是"乔·布鲁诺体育场"的大牌子，这个体育场花费了纽约州纳税人的 1400 万美元，但这个体育设施却是以它的政治赞助人——纽约州参议员、多数党领袖乔·L. 布鲁诺（Joseph L. Bruno）的名字命名的。但是，在这些"慷慨大度的"筹办人中，最鼎鼎有名的大概要属西弗吉尼亚州（West Virginia）的参议员罗伯特·C. 伯德（Robert C. Byrd）了，在西弗吉尼亚州有许多政府修建而冠以其名的建筑物、纪念碑和其他项目，例如，罗伯特·C. 伯德公路系统、罗伯特·C. 伯德大桥、罗伯特·C. 伯德高速公路、罗伯特·C. 伯德联邦大厦、罗伯特·C. 伯德健康卫生中心、罗伯特·C. 伯德先进灵活的制造业系统研究所，还不包括许多遍及西弗吉尼亚州的学校、工厂、服务中心、公路休息站和收费停车场。

人们或许会认为，只有政治家不从自己的口袋里掏钱用于公益事业，但是，我们会看到许多"普通"人也有同样的情况，而且相当多的美国人（以及欧洲人）仅仅由于他们支持对税收再分配的政策便自认为是仁慈的大众，而这个观点左右着他们的个人捐赠行为。

慈善捐赠和收入再分配观点之间的联系并不太明显。事实上，在我着手这本书的调研之前，我一度认为那些极度关注、疾呼经济不平等的人一定会更乐于行善好施，但是，事实令我沮

---

[1] 参见本杰明·富兰克林《自传》（The Autobiography）。富兰克林在书中这样解释道："当时的情况是，议会自始至终都支持这个建议，因为对那些最初反对的议员们来讲，现在支持这个议案也就意味着他们享有一个慈善的好名声，而且用不着自己付出一点儿钱。随后在请求捐助人捐款的时候，由于每个人的捐款数目需要加倍，所以我们又强调，这个议案成立的附加条件就是捐款，因此在两个方面都符合了议案的条款要求，结果大获成功。"

丧，大量调查数据证明我原来的想法只是一厢情愿。

对许多人来讲，转赠别人金钱的想法取代了他们自己捐赠的实际行动。那些赞成政府再分配政策的人比那些反对者要吝啬得多，即使他们支持的政策没有得到实施，他们依然远离慈善捐献。在许多美国人的眼里，许多政见都是个人支票的替代品，而那些崇尚经济自由进而强烈反对强制性再分配政策的人们反而更加仁慈。①

在本章中，我们将会看到慈善与那些对待强制再分配的保守观点交织在一起，同样，也能看到由于政治左派的各种经济政策和偏爱，与右派相比，它们在慈善方面实际上正在丧失道德威信。

1996年，许多接受民意测验的美国人都要求对这样的一个问题做出回答：政府有责任减少收入差距。最终的统计结果是：43%的人不同意，33%的人认可。②

回到慈善上来，这两组人群有着巨大的差距，反对者不仅比赞同者更乐于捐款，而且前者的平均捐款额几乎是后者的4倍，这并不仅仅是宗教性的捐赠，相反，在对典型的非宗教团体的捐款上，那些反对者每年的捐款也是后者的3.5倍，而且他们对每一类慈善团体的捐款都强于赞同者，例如卫生慈善机构、教育组织、国际援助组织和社会福利机构，而且这些反对者在传统上由

---

① 如果感觉这个主张或实物税是慈善合理合法的替代品的观点有些奇怪的话，你也不要感觉只有自己持此观点，早在1934年，大法官勒尼德·汉德（Learned Hand）对此就有过这样的说法："每个人都会安排自己的私事，所以他的税金应该越低越好，他不必强迫自己选择最好的上税方式，甚至不应该出于爱国的义务而增加个人的税金。立法机关已经再三地指出由于过多的私事而保持尽量低的税赋并不是邪恶的行为，每个人都是按法律要求做的，无论富人和贫困的人都一样，他们的做法都对。对那些自感有负公共职责而付出超出法律要求的税金的人来说，那些税赋都是强迫性的苛捐杂税并属于自愿性质的捐献。"

② 实际上，43%的应答者中既有回答"反对"的也有回答"强烈反对"的，这里我笼统地将这些人都称为"不同意"的人，反之我也将另外33%表示"支持"或"强烈支持"的人算为"认可"的人。

自由派倡导的事业上的捐助也超过后者，例如环保和艺术。[1]

而对于那些表示出强烈意愿的人来讲，"强烈反对"政府应该减少收入差距的人的捐款是"非常同意"的人的 12 倍，在世俗方面的善款上，前者也是后者的 9 倍。[2]

即使调查的问题只限定在对再分配政策的反应上，赞同政府再分配的人还是吝啬得多，例如 2001 年的民意调查曾经要求响应者对"政府有责任关心那些没有能力照顾自己的人"做出"同意"或"反对"的回答，大约有 75% 的人同意，而那些 25% 持反对态度的人们在世俗性和宗教性的捐款上依然比其他人更积极。[3]

那么收入能解释这个差距吗？实际上，那些倾向于政府对收入进行再分配的人的确比反对者的收入低，例如在 2004 年，认为政府"应该做得更多一些以补偿收入不均"的人的收入比那些抵制者低 13%。也许这些低收入者都想成为纯粹的受益者而不是单一的捐赠者，所以他们才支持再分配的政策。

这种解释看似合理，但它也是不对的，当我们对收入、教育程度、宗教、年龄、性别、婚姻状况、种族和政治观点等条件加以限制，再看看结果如何。假如有两个人，他们的上述条件全都相同，仅仅是第一个人认为政府应该再分配收入，而第二位反对，调查数据显示，第二位对慈善的捐献比前者多 10%，他每年会多捐出 263 美元，在世俗性事业上捐的善款会多 97 美元。换句话说，不管他们挣多少钱，赞成强制性再分配政策的人在仁慈性上还是逊于反对者。

这种现象在其他形式的慈善行为中也存在，例如在志愿服务上也如此。某个民意调查显示，那些认为政府有义务减少收入不均的美国人在志愿时间上与反对者有明显的差距，他们不太愿意为宗教和世俗活动做义工。下面的现象会使那些声称福利支持者

---

[1] 参见 1996 年的 GSS。
[2] 参见 1996 年的 GSS。
[3] 参见 2000 年的 GVS。

比反对者更为慈善的人失望了，2002年的民意调查发现，在路边给人指路、还回找错的零钱、给无家可归的人一些食品或零钱等方面，认为政府"在福利上的开支太少"的人都不如那些指责"政府的福利开支过大"的人。①

甚至在献血上，收入再分配的支持者也不如那些反对者。2002年，支持政府应该改善穷人生活标准的那些人大约占美国人口的28%，但其中只有20%的人献血，而那些反对者却认为"大众应该自己关心自己"，他们占人口的20%，但是他们的献血比例却是30%。如果全美国人民的献血比例和这些反对者的相同，那么全国的血液贮量马上会增加1/4，而全美国的献血比例若与那些支持者的比例一样的话，血液供应量就会锐减30%。那么为何对政府收入再分配的支持会抑制慈善呢？当这种支持转为政策时，即政府用个人税赋承担公益事业时，换句话说，不需要再用自己的个人捐助支持那些事业了，答案也就一目了然了。

政府在慈善事业上的开支会导致大众减少他们对慈善团体的捐赠，不仅仅那些自由派会减少捐献，有证据表明，随着政府的福利馈赠增加，每个人的捐赠都会随之下降，最合适的理由恐怕就是人们会关注政府的援助而把个人慈善作为替代品，也就是如果政府用我的钱帮助其他人，我就会减少自己的个人捐助。经济学家把这种现象称之为"公共支出的挤出效应"（public goods crowding out effect），由于它使人看到税收和福利开支可能对所期望的大众福利的效果产生负面影响，所以它也是"大政府"反对者的理论依据。

大量的研究已经证明，政府在非营利机构上所支出的1美元最多只能代替个人捐赠的50美分，在帮助穷人和其他社会福利事业上，"挤出效应"会达到顶峰，这意味着政府对那些贫困的福利接收者的社会福利开支要低于它的票面价值，尽管不是全面否定公共资金的有效性，但是政府援助的真正作用会低于政府官员和各州支持者的初衷。对依靠公共基金和个人捐赠的慈善机构

---

① 参见2002年的GSS。

来讲,例如某个私立大学既接受公共部门的资金也接受私人捐赠,政府的支持不仅会减低这个机构的筹款努力也会使它过于依赖政府,也就是说政府的支持不是"免费"的午餐。①

"挤出效应"在美国历史上曾经非同凡响但其结果却鲜有人知,在近期的研究中,许多经济学家都发现,富兰克林·德拉诺·罗斯福(Franklin Delano Roosevelt)的新政大大降低了教会对穷人的慈善捐赠,这些研究者注意到,在 1933 年至 1939 年之间,当联邦政府的援助从零涨到超过 GDP 的 4% 的过程中,宗教性的慈善行为逐步减低了 30%,因此这些研究学者认为,政府资金是阻碍个人宗教性的慈善行为的罪魁祸首。②

正如历史上政府的开支变化会造成慈善行为波动一样,美国各个州的福利政策的差别也有助于我们解释区域性的慈善差距。1985 年的调查发现,如果某些州政府的资金转向穷人的数量增加,那么这些州的慈善捐赠通常会下降,这个结论与当今州一级的福利开支和私人捐赠的数据相一致。加利福尼亚州政府对"面向贫苦家庭的暂时援助计划"(Temporary Aid to Needy Families, TANF)(在美国,TANF 是一种人所共知的福利援助计划)的接受者的每月开支是密西西比州的 5 倍,与此同时,加利福尼亚州中产阶级的捐款却只是密西西比州的 2/3。那么慈善与福利事业开支有直接关系吗?还是由于各州人们去教堂的不同比例造成各州的差距呢?为了寻找答案,我又查看了 1977 年到 2002 年各州的相关数据,数据显示如果某个州的 TANF 开支增

---

① 参见亚瑟·C. 布鲁克斯《政府对非营利机构的支持存在阴影吗?》(Is There a Dark Side to Government Support for Nonprofits?),《公共行政评论》(Public Administration Review),2000 年第 60 卷第 3 期,第 211~218 页。
② 参见乔纳森·格鲁伯(Jonathan Gruber)和丹尼尔·M. 亨格曼(Daniel M. Hungerman)《大萧条时期基于信仰的捐赠和挤出效应》(Faith-Based Charity and Crowd-Out During the Great Depression),美国国家经济研究局(National Bureau of Economic Research),2005 年第 1132 号工作文件,http://www.nber.org/papers/W11332(检索日:2006 年 3 月 26 日)。

加10%，那么这个州的大众慈善捐赠会降低3%左右。①

比较一下田纳西州和新罕布什尔州的情况就可以对这个说法有所了解，田纳西州的平均家庭收入水平比新罕布什尔州低35%，TANF的平均值也比新罕布什尔州低61%，然而田纳西州每人的捐款依然略高于新罕布什尔州，它们分别是420美元和405美元，而善款占收入的比例却是新罕布什尔州的2倍多，其比例数是4.3%和1.8%。因此我们可以预言，如果田纳西州的平均TANF与新罕布什尔州的相一致，就有可能排挤掉42%的慈善捐款，而对这个如此之大的代价，更多的福利开支能够予以补偿吗？有些人予以肯定而有些人对此则持否定态度。②

福利和私人捐赠的关系不仅仅是单向的，正像政府增加社会福利开支便会抑制私人捐赠一样，国家开支的减少也会激励慈善行为。许多非营利机构会利用政府基金消减的影响作为它们募集捐款的工具，当罗纳德·里根（Ronald Reagan）总统的财政预算削减社会计划开支的时候，20世纪80年代的慈善捐赠增加了1/3，某位慈善事业专家对此的评价不乏嘲讽之意："窘境是捐赠之母。"③

2005年的一起有趣的、与"排挤效应"相悖的事件引起了媒体的关注，起因就是时任纽约市长的迈克尔·布隆伯格（Michael Bloomberg）增加了对当地一些非营利机构的私人捐款。这位通过自我奋斗取得成功的亿万富翁，也就是当时的纽约市长在

---

① 参见 J. 希夫（J·Schiff）《政府的开支是否排挤了慈善捐献？》（Does Government Spending Crowd out Charitable Contributions?），《全国税务杂志》（National Tax Journal），1985年第4期。

② 对这个分析有疑问的人会注意到，我并没有对新罕布什尔州和田纳西州之间的所有会影响慈善行为的分歧进行校正，对每个州来讲，这种"文化现象"不可能一成不变，而借助我的判断可以推出，福利开支的增加对慈善的倾向会产生一些负面影响。

③ 参见莱斯利·兰科夫斯基（Leslie Lenkowsky）《慈善和福利国家》（Philanthropy and the Welfare State），载《赋予人民力量：从国家到大众社会》（To Empower People: From State to Civil Society, American Enterprise Institute Press），1996。

2004 年个人捐献了大约 1.4 亿美元，受益的非营利机构超过 800 家，它们当中的许多家都受到了当时市政府减少开支政策的影响，而布隆伯格本人在很大程度上要对这项政策负责，但换句话说，布隆伯格的政策"引爆"了他自己的捐款。

可以预见，这些捐款引起了轩然大波，有些人认为布隆伯格的慈善行为具有双重意义，他不仅为纽约的利益执行了财政紧缩政策，而且他还以自己的慷慨方式缓解了政府的压力。而其他人对此则持有异议，《纽约时报》的一篇报道就认为，布隆伯格只是用金钱在收买他的反对者，并指出"所有的政府官员都放弃了爱心，但是布隆伯格先生的个人财富已经使他成为一个当代美第奇（Medici）式的人物，并可以抑制许多公共机构的不满。正如某些评论家所说的那样，因为有些机构担心市长既可以捐赠也会停止他的私人捐款，所以他们现在已经十分关注市政府预算削减的政策了。"从这些冷嘲热讽中可以看出，"排挤效应"可能令人遗憾，但布隆伯格的慈善行为甚至会更糟糕，因为这些机构只能依赖替代政府资金的私人捐助了。

假如政府一边征税一边把收入再分配给那些需要帮助的人们或组织机构，"排挤效应"还可以对较低的个人捐赠做出解释，然而如果"增加政府开支"仅仅是一种观点或政治立场的话，它就不应该左右捐赠行为，对吗？换句话说，如果政府承担了对我中意的慈善机构的支持，我可能就会停止自己的捐赠，而不是仅仅因为我认为政府有义务这么做，我就会中断我的个人捐赠，这种说法成立吗？

非也，在本章开始时所列举的事实只是把慈善和各种信仰联系在一起，并没有将其与政策发生关系。调查数据告诉我们，无论政府是否真的实施收入再分配和减少不平等的政策，它的作用并不太重要，替代慈善的似乎还是个人对这些政策的支持。数据显示，认为政府应该对收入再多分配一些的人比那些反对者更不愿意捐赠，换句话说，正是用政治观点代替了个人捐赠。这些政治主张也许合理也可能不正确，但捐赠明显地降低了。

这是左派的政治观点，因为美国的左派主张收入再分配的政策。有77%自称政治自由派的人赞成政府应该进行收入再分配，却只有24%的保守派持有相同的观点，用政治信仰代替个人奉献的做法说明左派对危难中的人们缺乏切实的个人责任感，也表明左派在很大程度上混淆了意识形态和个人行为的关系。①

这种事情随处可见，让我们回顾一下不同的团体在2000年到2002年之间是如何改变他们的慈善行为的，这段时间包括了乔治·W.布什第一次当选总统到随后的"9·11"恐怖袭击事件。"9·11"事件激发了慈善捐赠和志愿服务，2000年到2002年的每一个民意测验都显示，美国人捐赠的比例有了大幅度的提高。

人们可能会期望在当时私人捐赠增加的过程中，极左翼的个人捐赠会特别高。除"9·11"事件之外，偏激的自由者们突然发现，他们目前面对的是一个忽视收入不均的政府，而不再是从前重视收入不平衡的克林顿政府了，现在的政府推出的税收政策会比前任政府降低收入再分配。我原本期望这些极左翼的人们应该比其他群体更多地增加他们的捐赠以回应这样的一位总统，因为他们相信这位总统企图使美国的弱势群体处于水深火热之中。

真令我失望，从2000年至2002年，虽说美国公众的捐赠比例增加了5%，但是却有一个捐款比例明显下降的群体：极左翼分子。2000年，在自称为"极端自由主义者"的人群中，有70%的人声称他们每年都对慈善机构捐款，而2002年，这个群体的捐赠比例下降到60%，相反，"极右翼"人群的捐款比例却从84%升至95%。②

究竟是什么使美国的极左翼分子远离了慈善的主流？又是什么使他们当中的许多人放弃了个人慈善的责任感？

如今美国的极左翼已经成为慈善行为的绊脚石。回顾一下本章开始的引言："更加公平的社会是一个不需要太多慈善行为的社会"，对这样一位竭力鼓吹强制性收入再分配政策的拉尔

---

① 参见马克斯韦尔2004年的民意测验。
② 参见2000、2002年的ANES。

夫·纳德来讲，慈善行为的存在就是一个不公平社会的证物，应该用政府再分配的政策杜绝这种行为，理想的社会中没有慈善行为，因为它根本不存在慈善的需要。

这完全是一种脱离实际的、不理智地充满理想主义的世界观，由于人们的需求总是变化的，所以我们永远不会摆脱需求的存在。1906年的美国人的需求与2006年的绝对不会雷同，心理学家和经济学家一再表明，在超越了基本贫困线之后，"需求感"多半与个体观察到的别人的拥有联系在一起。然而，即使我们可以想象一个没有需求的社会，可是我们依然想把慈善作为它的一部分，因为慈善行为并不只是影响受赠者，在后面，我还会谈到慈善是这些捐赠者自身繁荣、健康和幸福不可或缺的一部分，而且它也是社团和国家繁荣昌盛、健康、幸福的必备条件。①

拉尔夫·纳德并不是唯一一位以自由主义的观点反对慈善捐赠的人，约翰·斯坦贝克（John Steinbeck）以其声嘶力竭的演讲及指责慈善捐赠的邪恶闻名于天下，他不仅代表着一些自由主义知识分子的态度而且还为那些淡漠行为进行了辩解：

> "在我们列举的那些虚伪道德的名单上，也许最被人高估的道德行为就是捐赠，捐赠使捐赠者更加自负，使其在受助者面前更为优越、高大。几乎可以肯定，捐赠永远是一种自私的快乐，而且在许多情况下，都是一种明显具有破坏性和邪恶性的事情，人们必须要牢记的是，某些贪婪的金融家，他们2/3的时间都在从我们的社会中攫取财富，而留给社会的只剩下了1/3。"②

---

① 参见布鲁诺·S. 弗雷（Bruno S. Frey）和阿洛伊斯·施蒂策（Alois Stutzer）《经济学家从幸福调查中能学到什么?》（What Can Economists Learn from Happiness Research?），《经济文献杂志》（Journal of Economic Literature），2002年第2期。

② 引自沃尔德马·A. 尼尔森（Waldemar A. Nielsen）《庞大的基金会》（The Big Foundations，New York：Columbia University Press），1972年。

按照这个信条的说法，慈善带来的问题就是强化了由收入不均产生的社会等级，捐赠者被冠以"仁爱善良"而且"优越于"受惠者，而受助者则被迫成为感激涕零的恳求者。

的确，尤其是当捐赠者都是富人而受助者又都是穷人时，慈善行为确实加大了捐赠者和受惠者之间的阶级差别，而且尽管我没有注意到哪些民意调查已经问过这个问题，但我还是愿意打赌，许多穷人一定会更喜欢接受政府的援助，也就是享受他们的权力，而私人的慈善捐赠则需要感激的心情而且如何使用善款也许还要听从捐赠者的意见。但是穷人一点都不喜欢援助吗？如果慈善伤害了人们的自尊，那么这种伤害会超过慈善的益处吗？

对那些对美国的社会和经济阶级甚为不满的政治左派来讲，他们对这个问题的回答就是一个字：是。他们认为，如果慈善事业确实有一个合理合法的目标，那它也只是为了促进共享而不是提供援助，这种观点的始作俑者设想了一个没有需求的社会：每个人都捐赠，每个人都受益，而且不存在不对称的感激，慈善事业等同于加强政府收入再分配的政策。①

然而历史并没有接受这种世界观，许多国家和地区曾经尝试过这种集体主义的体制，在中欧和东欧尤为显著，不过它们都失败了，然而历史依旧为这种观点辩护：没有私人的慈善行为，社会依然可以繁荣发展。

许多自由主义者都认为慈善捐赠在降低穷人的自尊心方面有副作用，而且甚至有些人由于慈善捐赠加深了阶级差别而感到自责，但那些极端的左派对慈善的指责则是：它故意伤害那些穷困

---

① 参见罗伯特·赖克（Robert Reich）《慈善以及它与平等的尴尬联系》（Philanthropy and Its Uneasy Relation to Equality），载《超越慈善的目的：在慈善行为中学会做善事，不做有伤害的事情》（*Beyond Good Intentions: Learning to Do Good, Not Harm, in Philanthrop*, Bloomington: Indiana University Press）；理查德·B. 贡德曼（Richard B. Gunderman）《捐赠与人类的美德：自由主义者的慈善范例》（Giving and Human Excellence: The Paradigm of Liberal Philanthropy）；尼尔·利维（Neil Levy）《反对慈善》（Against Philanthropy），《商业职业道德期刊》（*Business and Professional Ethics Journal*），2003年第21期。

的人，也就是富人刻意以此维持他们的强势。某位教授也是社会评论家则指出美国的慈善已经无异于有计划的种族屠杀和奴隶制，他在文章中是这样表述的：

"与美国根深蒂固的暴力征服倾向为伍的总是这类充满仁义道德的花言巧语，例如对美国印第安人的有计划的种族屠杀、奴役非洲人民的行径、占领外国的领土。这些人道的言辞和慈善行为的根源不仅不能达到援助那些需要帮助的人们的目的，而且历史证明它们的真实本性都有控制劣等人民的印记。"①

但是这种观点是错误的，而且很容易就可以对此予以驳斥。在某些体系中，强势的哲学观极力排斥慈善，认为它只是权力的另外一个工具，而这种哲学观点通常来自于马克思主义的核心，也就是他教导大家的："根据他的能力付出，依据他的需要所给。"

在美国政坛，大张旗鼓宣称自己是马克思信徒的人并不多，但是马克思主义在学术界这个温床上依然茁壮发展，而且美国之外的许多艺术家、新闻记者和知识分子都十分信奉马克思主义。马克思主义对慈善行为的基本观点是：因为富人有能力，所以他们捐赠，但是由于他们控制那些他们所享受的资源的行为是违法的，所以他们的各种行为就是腐败堕落、品行不端的，慈善事业

---

① 参见大卫·瓦格纳（David Wagner）《它带来的是哪种爱？审视美国的慈善》（*What's Love Got to Do with it? A Critical Look at American Charity*, New York: New Press），2000，第5页。同样，社会学家珍妮特·波彭迪克（Janet Poppendieck）也指出："利用许多的志愿服务和捐赠，[援救贫穷的食品]使私人的行为看起来比社会大众的慈善更便宜、更有效，因此对自愿捐助主义的思想意识的过分强调掩盖了对各种权利的根本性破坏。"由于对再分配的坚信，这种观点大大超出了忽视慈善的看法，它设立了两股彼此对立的力量，试图通过削弱"自愿捐助主义"来保护"各种权利"。以上引自珍妮特·波彭迪克（Janet Poppendieck）《慈善是甜美的吗？急救食品和权利的终止》（*Sweet charity? Emergency Food and the End of Entitlement*, New York: Penguin），1998，第6页。

不仅与那些使用偷来的钱的行为没有任何差别，而且它还代表着另一件更恶劣的事情：阶级伪善。这些富人认为他们此时是在帮助穷人，从而使自己心满意足，但是他们的行为只是为了减轻自己的罪过和抚慰大众，否则大众会揭竿而起。他们都是用钱财来做这一切，而这些金钱原本就不应该属于他们。当富有传奇色彩的美国社会党领袖尤金·V. 德布斯（Eugene V. Debs）在教导他的信徒拒绝安德鲁·卡内基的"沾满鲜血的金钱"的时候，他就运用了这个基本原理。①

这些反慈善行为的观点倚仗意识形态去反对慈善的事实，所以我也不想在这里花太多的时间去解释，但我会提出一个专业的观点：这些看法都是基于一个假设，也就是捐赠者永远是富人，而受助者又都是穷人。这是一个极为普遍的假设，但实际上它是错误的，大家在下一章就会看到对此的解释。

对普通的自由主义者来讲，"社会等级观念"和马克思主义哲学对他们的影响并不大，他们或许从未以这种观点思考过问题，但毫无争议的是：收入不平等是自由派的核心观点，而且它也是再分配政策和慈善行为之间的联系。这并不是说右派没有人关心经济的不平等，但这种观点却是当今区分自由派和保守派的分水岭。

当2004年许多美国人在回答社会的收入差距是否过大时，76%的自由主义者做出了肯定的回答，而在保守主义者当中，只有41%的人予以认可；67%的自由派认为收入不均是"严重的社会问题"，而只有25%的保守派对此表示认同。当涉及关注收入不均以及支持政府设法减少收入不均的时候，人们的政治因素甚至要比收入重要得多，在政见上认定收入差距过大的人群中，高收入的自由主义者的认同比例比低收入者的高出22%，这也

---

① 参见 E. C. 拉格曼（E. C. Lagemann）《知识的政治：卡内基公司、慈善事业和国家政策》(*The Politics of Knowledge: The Carnegie Corporation, Philanthropy, and Public Policy*, Middletown, Conn.: Wesleyan University Press), 1989, 第23~24页。

就意味着那些低收入的美国人反而不像富有的自由主义者那样更容易受到收入不均的困扰。①

是否认可收入不均的不同态度导致了对强制性收入再分配政策支持与否的差别，正如我们了解的那样，这个差别就是自由派和保守派的捐赠之间的关键点。那些把不平等视为美国的主要问题的人通常希望政府出面解决这个问题，2004年，在那些认为收入不平等是美国的一个"十分严重的问题"的人群中，71%的人认为政府应该对收入进行再分配以解决这个难题，而在那些否认收入不均是严重的社会问题的人群中，只有41%的人认为此时需要政府出面处理；同时，在那些认为美国正在成为一个"富人和穷人"的社会的人群中，有64%的人要求政府应该多干预一些，而在持反对意见的人群中，只有25%的人认同政府理应多多出手相助。②

为什么这些普通的自由主义者如此担心收入不平等呢？理由其实也很简单，就是很多人都认为，当许多美国人为了每个月的住房租金焦头烂额的时候，其他人却在享受着奢华的生活，这就是不公正、不公平的。国会中唯一的一位社会主义者议员伯尼·桑德斯（Bernie Sanders）的讲话代表了许多人的观点："一个社会，如果少数人拥有绝大部分财富，多数人只有少量财富，那么它本身一定存在许多错误和危险。"许多自由主义者也同样认为收入不均是社会许多问题的根源，他们认为，在某个国家中，如果某些人非常富有，而其他人却很贫困，就会影响公共卫生和社会福利。在许多发展中国家里，这是一个实实在在的问题，因为你可以看到有许多超级富翁——新贵族，而大众却处于水深火热之中，所以许多人认为美国也有这样的问题。③

---

① 参见2004年的马克斯韦尔民意调查。
② 参见2004年的马克斯韦尔民意调查。
③ 参见 Cristopher Graff《社会主义者在佛蒙特州领导美国参议院的运动》（Socialist Leads U. S. Senate Race in Vt.），《美联社》（Associated Press），2005年5月29日，http://abcnews.go.com/Politics/wireStory? id = 801422（检索日：2006年3月26日）。

在美国历史上，反对慈善行为的思想也不是总与左派观点为伴，19世纪末和20世纪初，当时右派的政治观点就含有这种反对的立场，但这丝毫不令人惊讶，因为美国的保守主义意识形态传统上就与媒体倡导的依赖性势不两立，许多保守主义者历来坚信，依赖性会使穷人懒惰、鼓励不劳而获、提高犯罪率，因此安德鲁·卡内基悲叹过："也许，富翁的钱扔到海里面去会更好一些，否则反而鼓励了偷懒、酗酒和可耻的行为。"

早在一个世纪之前，还有一些更为过激的说法，有一种极端的观点就认为，那些有依赖性的人是由他们先天的缺陷造成的，如果对这些社会的劣等者给予援助和关怀，那么人为地帮助弱者生存的慈善行为就会使社会变得更糟糕，而且在慈善的帮助下，社会还会不断地产生许多新一代的低能者。不过值得庆幸的是，今天几乎听不到这些说法了。①

这类思想的知性根源可以追溯到19世纪的英国哲学家赫伯特·斯宾塞（Herbert Spencer），也就是人所共知的"社会达尔文主义"（Social Darwinism）之父，而且还是"适者生存"（survival of the fittest）这句名言的创始者。社会达尔文主义的信徒们相信，人们之间的各种差异代表着自然进程，这些差异使"适者"位于社会阶层和经济阶层的顶端，而将"不适者"排除在外。因为各种政治制度和社会制度（例如社会福利和慈善）不可能从本质上改变这个进程，所以这种思想就是：这些制度给社会带来了极大的危害，因为它们阻碍、减缓了"不适者"人群的不可避免的衰减进程，由于这些制度给"不适者"的繁衍提供了人为的刺激，所以它们造成了社会痛苦。②

---

① 参见安德鲁·卡内基（Andrew Carnegie）《财富》（Wealth），《北美回顾》（*North American Review*），CXLVII卷，1889年6月。
② 参见赫伯特·斯宾塞《论进境之理》（Progress: Its Law and Causes），《威斯特敏斯特评论》（*Westminster Review*），1857年第67卷，第445~485页；罗伯特·C. 班尼斯特（Robert C. Bannister）《对威廉·格雷厄姆·萨姆纳的"社会达尔文主义"的重新考虑》（William Graham Sumner's 'Social Darwinism' Reconsidered），《政治经济学历史》（*History of Political Economy*），1973，第89~109页。

这类哲学观点听起来相当接近现代极右翼的观点，不由得使我们想起安·兰德（Ayn Rand）和她的偏好以及她曾经说过的话："遭受痛苦并不是索取的理由，痛苦的减轻也不是生存的目的。"但是，这种观点也不局限于右派，社会达尔文主义在某些乌托邦左翼的组织中也存在，例如玛格丽特·桑格（Margaret Sanger），她是计划生育的先驱而且创建了《计划生育联合会》（Planned Parenthood），同时她也是一位社会达尔文主义者，她曾经推广避孕药具以阻碍"不适者"的生育。1920 年，她在《妇女和新人类》（Woman and the New Race）一书中曾经对"控制生育"有过这样的定义："它恰好简化了将不适者排除在外的进程、有助于防止身心有缺欠的人的降生、有助于防止那些将来会成为有缺陷的人们的出生。"①

今天，我们很难再看到任何人，无论是自由派还是保守派，公然宣称排斥穷人并以此改善社会，最与其接近也就是某些过激的资本主义者对慈善行为的观点了，他们认为，由于慈善借助的是非市场的力量，所以慈善行为是关怀穷人的一种错误的援助方式。有位作者在文章中写道："我认为慈善几乎没有任何善良的成分，我更倾向于自由的、无限制的资本主义，它才会成为绝对完美的'福利国家'。"为什么呢？"因为商业本身是一种高效的社会行为，而慈善本质上就是浪费。"不言而喻，这种观点有悖于多数人的感觉，它武断地认为慈善是伤害穷人的工具。这种观点不仅违反道德观，而且也是错误的，因为任何一个学习经济学的学生都可以告诉你，所有营利性企业的商业行为的效率都不如那些非营利机构，有许多重要的宗教仪式，例如宗教团体的运作，如果按照营利性企业的模式运行，它们就无法生存了。②

---

① 参见玛格丽特·桑格（Margaret Sanger）《妇女和新人类》（Woman and the New Race, New York: Brentano's），1920，第 18 章。
② 参见布赖恩·米克尔思韦特（Brian Micklethwait）《反对慈善：慈善、偏爱、商业和福利国家》（Against Charity: Charity, Favours, Trade and the Welfare State），《经济评论》（Economic Notes），第 40 卷，1992，http://www.libertarian.co.uk/lapubs/econn/econn040.htm（检索日期：2006 年 3 月 26 日）。

正像我们看到的那样，慈善与政治意识形态之间的关系随着时间的流逝已经发生了改变，也就是说，那些自由主义者自然而然地形成了反对慈善的世界观，而更多的保守主义者则恪守支持慈善的世界观。此时此刻，"支持宗教且反对福利国家"成为美国保守主义的核心价值观，它强烈推崇慈善行为；但是，由于民主党是一个主张经济再分配的政党而且是一个世俗主义的政党，所以它十分积极地排斥慈善行为。这些终究会改变的，而且我也希望它会改变，因为慈善应当超越政党的主张，慈善与否都应取决于那些仁慈的自由主义者的诚实正直以及那些仁慈的自由主义者的领导能力。①

这一章里的证据还对本书开始的一个问题，也是被搁置到一边的一个悖论——为什么那些宣称比保守派更加关心他人的自由主义者缺乏个人的慈善行为，从另外一个角度做出了解释。这个答案并不完全意味着普通的自由主义者有意为之且毫无诚意，只是他们的实际行动常常混淆自己的政治意识形态，而自由派所持有的收入不均和强制性的收入再分配的观点又遮盖了他们所具有的慈善行为的能力。相反，那些保守主义者对收入不均的种种负面影响显得更加乐观，而且也不认可强制性的收入再分配政策，因为他们认为它会妨碍经济自由和个人机遇，这就使他们更倾向个人的慈善行为。

对许多普通的自由主义者而言，收入不均是一个社会问题，私人捐赠可能会对此加以重视并认为它是合理的，而政府的收入再分配政策或许可以改善这个问题。保守主义者对此观点并不苟同，他们宁愿将其视为一种影响个体的现象，在最坏的情况下，它可能是一些人厄运的不幸的反射或者反映出一些人在生活中所

---

① 参见布赖恩·米克尔思韦特（Brian Micklethwait）《反对慈善：慈善、偏爱、商业和福利国家》（Against Charity: Charity, Favours, Trade and the Welfare State），《经济评论》（Economic Notes），第40卷，1992，http://www.libertarian.co.uk/lapubs/econn/econn040.htm（检索日期：2006年3月26日）。"从他们的财富中扔出一枚金币以减轻他们那些缺乏考虑的良心"的时候，左派和右派对此的看法似乎异常一致。

做出的不幸的抉择；而好的一面，它是一个极其重要的促进因素，它可以刺激人们在美国这样一个动态市场经济中获取更多的利益。这就是当今政治左派和右派的关键分歧。

这个分歧有助于解释一个关键性的、充满争议的现象——当代美国人的政治立场：尽管穷人可以直接受益于那些再分配的政策，可是他们却已经越来越反对支持他们的民主党。例如2004年的总统大选，布什先生赢得了所有10个位列美国2003年人均收入最低的州的选票，同时也获得了2003年倒数25名中的21个州的支持，从某种意义上讲，布什获得了广泛的认可。这些结果震惊了许多自由派的评论家，其中也包括托马斯·弗兰克（Thomas Frank），他的疑问与他的最佳畅销书的书名如出一辙——《堪萨斯州怎么了？》(What's the Matter with Kansas?)，弗兰克当时在书中做出这样的解释：保守者利用对"文化"问题的关注，例如关于堕胎和枪支权利，十分狡猾地获得了乡村、低收入地区穷人的支持，其结果就是，这些贫困的选民转移了对社会经济不平等这样的实际问题的关注，换句话说，穷人完全不知道什么是对他们有益的。①

弗兰克以自由主义的角度审视这个事实，但是他推导出了一个错误的结论，他的这个解释使人想起了马克思主义中的一个概念：穷人常常受"虚假意识"的支配。毫无疑问，这个理由使自由派心安理得、如释重负，因为它对几十年来投票格局向右倾斜做出了适当的解释，而且这一解释绝不会质疑自由主义者或要求他们对自己立场的弱点进行反思。

为什么美国劳动人民愈加倾向保守派的政客，最显而易见的理由就是，他们认为这些政治家的政治行为——拒绝从美国富人的口袋中拿走更多的钱财——是符合道德规范的，这个观点是公平的，就像"收入再分配"极力要求的公平一样。这种观点就是：有些人努力工作而且赚了许多的钱，仅仅由于他们的财富比

---

① 参见托马斯·弗兰克（Thomas Frank）《为什么他们赢了？》(Why They Won?)，《纽约时报》(New York Times)，2004年12月5日。

其他人多，就要拿走他们的钱财，这是不公平的做法。

这个评价也许对在现代美国社会取得成功的某些因素大大打了折扣，例如"运气"和"歧视"，但是仅仅关注这些因素就会忽视"机遇"和"自由"的重要性，是它们振奋了美国所有阶层的价值观，当然也包括那些有工作的穷人。

有一个有名的趣闻完全可以说明否认这个事实的政治代价，那是在 1972 年，民主党总统候选人乔治·迈戈文（George McGovern）当时在俄亥俄州阿克伦市附近的一家橡胶工厂里对工人们进行竞选演说，他在演讲中向大家承诺，他会大幅度提高遗产税，就像修理整平运动场一样，也就是说将那些一代接一代继承过来的种种经济特权降到最低。可是令迈戈文震惊的是，尽管他的政策可能会使这些低收入阶层的工人们直接从再分配的税金中获益，或间接地从降低社会经济阶层的差距中得到好处，但回应他的不是掌声而是听众的阵阵嘘声。

大众普遍不支持"遗产税"的态度依然使那些倾向平抑遗产财富的自由者们疑惑不解。需要再次说明的是，只有一个简单的答案：所有不同收入阶层的人们都认为，每个人应该有权利自主决定自己身后财富的归属。[①]

不管是将遗产赠与陌生人还是留给自己的儿女，还是让我们再次回到捐献上来，如果在对收入再分配的辩论中始终有一个虚假的意识在作祟，那么它也不是穷人在反对或要求别人让出自己更多的财富，更像是自由主义者在混淆政治观点和慈善行为。

在是否承认美国的收入差距过大以及政府是否应该重新均衡富人和穷人的财富上，这些各执一词的人们或许永远都会争论不休而且无法取得一致；但是我们的确看到了这样的一个事实：这个争论所带来的另一个现象就是面临私人捐赠下降的压力，即使目前对收入再分配政策的支持还仅仅停留在政治见解的层面上，

---

① 参见迈克尔·J. 格雷茨（Michael J. Graetz）、伊恩·夏皮罗（Ian Shapiro）《遭千刀而亡：反对对遗产征税》（*Death by a Thousand Cuts*: *The Fight Over Taxing Inherited Wealth*，Princeton，N. J.：Princeton University Press），2005。

还没有落实到政策中去,情况也是如此。尽管再分配的政策可能是理想的而且人们对它的政治支持也无可非议,但是这种支持绝不等同于自愿的捐赠行为,此外,如果以对一个并不存在的政策(美国还没有大范围的收入再分配的政策)的支持态度替代个人的慈善行为,穷人只会比以前更凄惨,而当前用政治观点取代帮助他人的做法正是自由派的政见中最难堪、最具讽刺意味的一个。

第四章
收入、社会福利和慈善

并不是拥有越多越富有，而是付出的越多越富有。

——埃里希·弗洛姆（Erich Fromm）[1]

小迈特尔·道森（Matel Dawson, Jr.）1921年出生在路易斯安那州什里夫波特市的一个贫困家庭中，在7个孩子中排行第5，道森在8年级的时候就辍学出外找工作了，当时什里夫波特市的就业形势相当不乐观，所以他在底特律的福特汽车公司找了一份差事。道森在福特公司一直工作了60多年，在81岁退休时，他依然只是一个叉车工人。他的一生从一开始就演绎了一个极为普通的美国式的成功故事：长时间工作、放弃休假、投资于福特内部员工的股份计划，在退休之前，他每年可以赚到10万美元。道森本人则心悦诚服地把自己的成功归结于"万能的上帝的眷顾和福特公司的恩惠"。[2]

道森先生的故事中有一段常人料想不到的插曲：他对慈善机构的捐赠高达1300万美元，一生中几乎捐出了所有的钱财。在

---

[1] 参见埃里希·弗洛姆（Erich Fromm）《爱的艺术》（The Art of Loving, New York: Harper Perennial），2000，第22页。

[2] 参见艾米莉·M. 霍尔（Emily M. Hall）《慈善事业一览》（Profiles in Philanthropy）印第安纳大学慈善事业中心（Indiana University Center on Philanthropy），2003，www.learningtogive.org；乔伊·班尼特·金农（Joy Bennett Kinnon）《工厂工人向慈善机构捐献了70万美元：小迈特尔·道森对多所大学和教堂的捐赠》（Factory Worker Gives ＄700,000 to Charity: Matel Dawson Jr. Contributes to Colleges and Churches），《黑檀》（Ebony），1996年10月号。

这些善款中，有捐给底特律韦恩州立大学的 68 万美元、路易斯安那州立大学的 30 万美元以及捐给联合黑人学院基金会的 24 万美元，而且他的捐赠对象还包括自己归属的教堂、许多学校和民权组织。媒体将"叉车慈善家"的美称赠与了道森先生，他成为一个广为人知的名人，时常出现在国家电视台，甚至还收到了前往白宫拜会比尔·克林顿（Bill Clinton）总统的邀请函。这个心甘情愿成为一个博爱的劳动工人的事迹令许多新闻记者惊讶不已，当这些记者探询他为什么捐献这么多的时候，他的回答非常简单直率："我只是想帮助人，把遗产留给别人，而且死后人们还可以记得我这个人。"

小迈特尔·道森的慈善行为与多数人认为捐赠取决于职业背道而驰，那些人通常认为，捐献多的人一定是富有的人。当我把研究内容告诉别人的时候，得到的回应通常都是："当然了，支持政府的收入再分配政策的那些人不会给慈善机构捐赠，因为他们差不多都是穷人，所以也就没有能力捐献"，这种说法巧妙地回避了那些政治观点。前英国首相玛格丽特·撒切尔夫人在 1986 年的一次电视访谈中曾经一语双关地说过："如果他只是徒有善良的意图，而且就算他很富有，恐怕没人会记得这个慈善的撒马利亚人（Good Samaritan）①。"听起来固然是赞美的言辞，但是它的后面是否还存在某种假设呢？

也许没有。毕竟我们已经见识到了，无论是富人还是穷人，信奉宗教的人比世俗论者更倾向奉献更多的时间和金钱，而那些支持强制性收入再分配的富有者在捐赠上却逊色于持否定态度的贫困者。此外，在许多非钱财的慈善方面，例如志愿行为或对他人的富有同情心的行为，情况也颇为相似。所以收入并不是影响慈善的经济因素，它的作用微乎其微。

现在到了抽丝剥茧的时候，可以明了地看到收入和慈善的真实关系，它们之间的联系仍然会使某些人感到惊讶，而且各位还

---

① 指对苦难者给予同情帮助的好心人，心地善良乐于助人的人。——译者注

会看到更多关于美国人的慈善和自私自利的事实。

在美国，当谈到收入和慈善行为时，有一点很明显，善款的大部分都是富人所捐。名列收入前10%的家庭的善款至少占所有慈善捐款的1/4，在这些善款中，1/5的捐款的流向是宗教性机构，几乎都是教堂，大约有1/3的赠款流向了世俗事业。美国大约有7%的家庭总资产超过100万美元，这些家庭的慈善捐款接近全国的一半，简单地说，如果你们社区中的那些富人不捐款的话，那么当地的美国联合慈善总会（United Way）就会关门无法运作。[1]

正像人们的收入增加后，他们会购买更多的好东西或享受更舒适的服务一样，他们也会给慈善机构捐献更多的钱，但是收入增长的时候，他们又会多捐出多少呢？当全国各地繁荣发展的时候，这个答案对慈善机构的兴旺有着重要的意义，同时，它也可以预见慈善捐赠衰减引发的后果。

最普通的一种评估慈善捐款随收入改变而变化的方法就是，当收入增加10%的时候，留意一下捐赠增加的百分数。许多研究已经发现，捐款会随之上升7%左右，甚至在限制其他因素后，比如不考虑教育程度、年龄和种族等，结果也是一样。举例说明，假设某个家庭的年收入是50000美元、慈善捐赠是1000美元，如果他们的年收入增加10%变为55000美元，那么根据研究数据，他们的善款会升至1070美元；反之如果年收入降到45000美元，也就意味着捐款会减少为930美元。对那些慈善机构来讲，这是一个好坏并存的消息，一方面，从百分数来看，慈善捐赠的增长低于全国经济的增长，另一方面，它也意味着，当全国经济出现衰退时，捐赠下降的速度会

---

[1] 参见2000年的SCCBS；玛丽·O.赫里希（Mary O'Herlihy）和保罗·舍维什（Paul Schervish）《慈善捐赠：捐多少？谁捐？捐给谁？》（Charitable Giving: How Much, by Whom, and to What?），载《非营利机构：研究手册》（The Non-profit Sector: A Research Handbook, 2nd ed, New Haven: Yale University Press）。

低于经济降低的速度。①

财富的变化对慈善的影响与收入变化的影响完全相反,受其影响的慈善行为上下波动非常显著,当然这里所说的财富是指人们的储蓄、各种投资和财产的总合。许多经济学家估计,财富增加10%的话,人们的捐赠大约只增长3%,因为人们保护自己的个人财富是为了保证将来可以有一个稳定的收入源或可以把财富传给后人,所以财富对慈善的影响要比单一的收入对慈善的影响小得多。但是财富有时对捐赠的影响依然是很明显的,甚至是慈善捐赠飙升的一个关键因素,20世纪90年代末期发生的事情就可以对此予以解释。1995年至2000年,美国人均收入仅增加了12%,但随着股票市场的暴涨和房地产增值,家庭财富也随之激增,当时慈善捐赠飞速上涨了54%。很显然,与正常的储蓄相比,这类财富的增长是不可预测的,当时美国的储蓄是零增长,也是自大萧条以来最低的。这也是一个令人担心的理由,当财富只是因为股市、基金和房地产市场增长而增长的时候,捐赠会变得非常的不稳定,因此那些慈善机构、教堂和其他慈善事业都会面临风险。②

---

① 参见理查德·史丁伯格(Richard Steinberg)《对经济理论的综合评估》(Overall Evaluation of Economic Theories),《意愿》(Voluntas),1997,第2期第8卷,第179~204页。通常人们挣钱越多,购买的东西就越多,不过有一种例外,也就是被经济学家称为"劣质产品"(inferior goods)的情形,它并不是指质量而是指人们寻求替代品放弃某些事情。例如,当人们的生活呈现繁荣时,他们会放弃乘公交车旅行或自助洗衣店,尽管没有涉及慈善捐赠;有关收入对慈善的影响的调查,参见罗伯特·麦克莱兰(Robert McClelland)和亚瑟·C. 布鲁克斯(Arthur C. Brooks)《收入和慈善捐赠的关系的理论和事实的比较》(Comparing Theory and Evidence on the Relationship Between Income and Charitable Giving),《公共财经评论》(Public Finance Review),2004年第5期,第483~497页。

② 参见2005年的《美国的捐赠》;有关财富对慈善影响的评估,请参见罗伯特·麦克莱兰(Robert McClelland)和亚瑟·C. 布鲁克斯(Arthur C. Brooks)《理论和事实的比较》(Comparing Theory and Evidence);也可参见克里斯·伊西多尔(Chris Isidore)《零储蓄的问题》(The Zero-Savings Problem),http://money.cnn.com/2005/08/02/news/economy/savings/(检索日:2006年5月11日)。

尽管收入较高的、财富较多的人应该比低收入者捐献更多的钱的说法比较合理，但并没有说他们会强求自己这样做，而这也是事实。贫困的美国家庭对慈善团体的捐赠逊色于中等阶级的家庭，而中等阶级的家庭捐献又比不过富有阶层的家庭，在那些收入名列前20%的家庭中，90%的家庭每年都有慈善捐赠，而那些位居底层的家庭，每年慈善捐赠的家庭比例为60%。人们通常会这样解释，富人如此乐于捐赠，起因就是所谓的"精英慈善文化"，也就是富翁不仅仅由于感到社会压力而乐于好施，而且捐赠也给他们带来了声誉。有一位学者曾经在20世纪90年代采访过多位纽约的大富翁捐赠者，他发现这种文化也揭示了世俗责任中的一个重要因素：由于富翁们因财富上而受到诅咒，所以他们感觉有义务进行慈善捐赠。[1]

收入对志愿行为这类非金钱性质的捐赠的影响不是很明显，一方面，虽然人们的工资相差很大，但我们却都拥有相同的时间，因为无论是富人还是穷人，每天都有24个小时；另一方面，当人们可以赚到更多的钱的时候，他们的志愿时间也就更有价值，这就是经济学家所谓的"机会成本"。例如，因为律师每小时的报酬比我这个大学教授要多，所以一位律师每小时的机会成本就比我高，因此，有人就会以此推断，在其他条件相同的情况下，这位律师的志愿时间会比我少。尽管在理论上存在这种可能，即由于时间的机会成本的不同，所以富人的义工就会少于穷人，但研究发现，收入和志愿行为几乎没有任何关系，对经济阶层来讲，捐时间要比捐款容易得多。[2]

在非正式形式的捐赠上，收入和慈善的关系要复杂得多。在

---

[1] 参见2000年的SCCBS；如果想要更多地了解"精英慈善文化"，请参见佛朗西·奥斯特罗维尔（Francie Ostrower）《富人为何捐赠：精英慈善文化》(*Why the Wealthy Give: The Culture of Elite Philanthropy*, Princeton, N.J.: Princeton University Press), 1997。

[2] 参见亚瑟·C. 布鲁克斯（Arthur C. Brooks）《信仰、世俗主义和慈善》(Faith, Secularism, and Charity)，《信仰与经济学》(*Faith and Economics*)，2004年第43期。

某些非正式形式的慈善方面，高收入阶层的表现要优于低收入的人群，而在其他方面也不尽然。例如，富有者比穷人更乐意把钱捐给邻居、朋友和陌生者，高收入的人群在义务献血、在街上给陌生人指路上优于低收入者，然而，穷人更愿意给无家可归的人施舍食品或钱财。换句话说，如果你身处一个陌生的城市需要指路时，一定要向富人问路，而当你需要一个三明治的时候，你一定要找穷人。

穷人对无家可归的人群表现出来的特别的同情并不令人惊讶，因为人们总是倾向那些自己曾经受过益的事情，或者有朝一日可能会发生在自己头上的事情。2000年的一个民意调查涉及慈善捐助的理由，59%的应答者以及74%的捐助者认为，他们捐助的主要动机之一就是，这些慈善行为以前曾经帮助过他们自己或帮助过他们熟知的人。[1]

然而，捐款的总数和捐赠的可能性并不是评估金钱慈善行为的最好方法，在前几章里，我们曾经把善款转换为占家庭收入的比例，因为它是一个可以评测出一个家庭所做出的相对"牺牲"的大小的方法。例如，一个年收入10万美元的家庭所捐献的2000美元在面值上确实超过了另一个年收入25000美元的家庭捐出的1000美元，但是这个更贫困家庭所做出的"牺牲"——收入的4%——却是前者的两倍，与评估善款数和可能性相比，这种评价的办法会使穷人的捐赠高尚得多。的确，现有的所有调查数据表明，从捐赠占收入的比例上看，穷人的捐赠比富人高，而且许多研究也已经证明，一般来讲穷人的捐献大约占他们收入的4%到5%，而富人对应的比例在3%到4%之间，而这两者的捐赠所占收入的比例远远超过中

---

[1] 参见大卫·M. 范斯利奇（David M. Van Slyke）和亚瑟·C. 布鲁克斯（Arthur C. Brooks）《人们为什么要捐赠？全新的证据以及非营利机构经理们的策略》（Why Do People Give? New Evidence and Strategies for Nonprofit Managers），《美国公共行政评论》（American Review of Public Administration），2005年第3期，第199~222页。

产阶层。①

如果考虑到穷人和富有阶级、中产阶级的人们面临同样的生活压力，例如大家都需要食物和基本的居住条件，尽管有些人在这些方面会付出多一些，但穷人的捐赠所占收入的比例是最大的这一情形尤其令人感动，因此即使穷人和富人的捐赠比例一样，穷人的"牺牲"更有意义、更加令人感动。例如，一个年收入为2万美元的家庭，如果善款占收入的5%，那么这个家庭只剩下19000美元用于基本的生活支出，而另一个年收入为10万美元的家庭的捐赠比例也是5%的话，这个家庭在捐献之后依然还有95000美元。

为什么穷人的奉献"最大"，通常有几个常见的解释，他们捐赠的动机是基于类似于宗教这类文化的力量，例如，低收入群体归属的那些宗教圣会尤其倾向恪守什一税。2000年，美国贫困的家庭比中产阶级的家庭更乐于归属基督复临安息日会教会、五旬节圣洁会或耶和华见证会，前者的数目大约是后者的2倍；他们明显不愿意归属更"传统"（而且相对不苛刻）的宗派，例如圣公会、卫理公会和长老教会。②

那么我们从这些得出什么结论呢？一方面，如果从捐赠可能性的绝对值上看，穷人不如其他人慷慨；而另一面，从捐款所占收入的平均比例上看，他们更富有爱心。所以哪种说法是对的：穷人与其他美国人相比，是更仁爱，还是更吝啬呢？

这个答案是双向的，与其他美国人一样，穷人也分为捐赠者和非捐赠者，有些穷困潦倒的美国人是社会中最慈善的人，也有的穷人一毛不拔。例如2000年，那些有捐献而且年收入少于2万美元的家庭所捐出的善款占他们家庭收入的7%，这个比例数是年收入超过12万美元家庭的2倍。但是穷人这个群体同时又

---

① 参见罗伯特·麦克莱兰（Robert McClelland）和亚瑟·C. 布鲁克斯（Arthur C. Brooks）《理论和事实的比较》（Comparing Theory and Evidence），第483～497页。
② 参见2000年的SCCBS。

拥有极高的非捐赠比例，穷人的非捐赠比例是高收入群体的 4 倍。在穷人捐赠者和非捐赠者之间存在着巨大的差距，所以当谈到慈善时，我们不能简单地涉及"穷人"。

那么来源于何处的收入会决定穷人捐赠或不捐赠呢？许多研究收入和慈善关系的经济学家曾犯过一个致命的错误，他们假定所有形式的收入具有同一个功能。换句话说，假如我得到了 100 美元，我会单一地处理这 100 美元，比如花掉、存入银行或捐献出去，即使这是政府寄给我的 100 美元的援助支票也会如此。这个假设是不对的，人们更愿意把劳动所得捐献出去，例如工资，而不是不劳而获的收入。2003 年的一组数据表明，在 7000 个美国家庭中，只有很少的 5% 的家庭接受过一定数目的"福利"支持，例如接受贫困家庭临时救助（Temporary Aid to Needy Families, TANF）、社会安全生活补助金（Supplemental Security Income, SSI，对丧失劳动能力的补助），这里没有包括对老年人补助、失业保险以及其他对非穷人的各种"权力性"的补助。一般来讲，没有接受福利资助的人们的捐款是那些社会福利受益者的 6 倍，前者捐款的比例是后者的 2 倍，前者的志愿服务比例也几乎是后者的 2 倍。[①]

然而为了能够公平地进行比较，我们需要保持收入不变，以此再对有工作的穷人和没工作的穷人进行对比，也就是对享受社会福利家庭和低收入家庭进行比较。假设有两类家庭，一类家庭的收入是工资，而另一类家庭的收入来源于社会福利，两类家庭都非常接近社会收入的底线，每年的收入都低于 14000 美元，而且假设都有一双儿女。统计数据显示，非享受社会福利的家庭更愿意居住在乡下，而享受社会福利的家庭倾向于居住在市中心；当涉及慈善时，两者的表现大相径庭，一般来说，有工作的贫困家庭的捐款是享受社会福利家庭的 3 倍，前者捐献和志愿服务的比例也是后者的 2 倍；有工作的贫困家庭比福利家庭更愿意

---

① 参见 2003 年的 PSID，这些统计不包括非金钱方式的帮助，例如发给失业者或贫民的粮票和政府为低收入者所建的住房。

对各类慈善机构进行捐赠,其中包括宗教团体、为穷人服务的慈善机构、与年轻人相关的事业、国际援助机构以及环境保护机构。[1]

福利收入对慈善捐赠有多大的负面影响呢?1999年一项对美国家庭的研究表明,1美元的福利收入会使这个家庭的慈善捐赠下降57美分,福利保障金平均增加10%,慈善捐助就会减低1.4%。2001年的一项对众多家庭的调查也有类似的结论,在捐款和志愿服务两项上,那些不享受社会福利的家庭的比例是接受福利家庭的3倍。如果忽略教育程度、年龄、种族和宗教信仰等这些参数的差异,研究依然发现,劳动收益的增加带动捐款和志愿服务的增长,而福利收入的增加却使捐款和志愿服务下降。[2]

对上述所有事实最可靠的解释就是,并不是本身的贫困使人们冷酷无情,而正是那些传统的政府政策泯灭了慈善之心。

福利为什么会制约慈善行为呢?我们知道拮据并不是原因,因为那些有着相同的不同来源收入的人们依然慷慨地捐赠以及参加志愿工作,所以还有其他一些可能的理由。

许多美国福利制度的批评者认为,福利保障减弱了享受者自给自足的意识,进而影响到慈善捐赠。那些福利受益者逐步与那些健康的社区相脱离,因此他们身边几乎没有可以行善的机会、没有仁慈的榜样以及缺乏捐赠的愿望。

为了能很好地理解这些论点,我们必须先搞清楚社会福利是

---

[1] 尽管通常在有工作的贫困家庭中和无工作的贫困家庭中有种族差异,但种族并不能解释二者慈善的差异,而且也不能将它作为慈善的借口。即便如此,如果仅仅关注2003年黑人家庭的话,那些非享受福利的家庭的年善款数是接受福利家庭的3倍,前者捐献给宗教团体的善款也是后者的2.5倍。穷人之间的慈善差异的中心就是社会福利而不是种族。

[2] 参见亚瑟・C. 布鲁克斯(Arthur C. Brooks)《福利收据和个人慈善》(Welfare Receipt and Private Charity),《公众预算与财政》(Public Budgeting and Finance),2002年第3期;亚瑟・C. 布鲁克斯(Arthur C. Brooks)《收入再分配对慈善行为的各种影响》(The Effects of Income Redistribution on Giving Behavior,未出版),2006。

如何操作的。在许多发达国家里，政府福利基本上就是一种"权利"（entitlement），也就是说，假如你身处一个符合某种条件的家庭而且存在某些必要的需求，你就有权利得到帮助。二次大战之前，美国接受福利支持的基本条件就是贫困，而且家中至少有一个需要扶养的孩子。有些"可以容忍"的行为也明确期望可以得到福利支持，例如非婚生子女，而这种情况在美国大多数的州都是违反接受福利规定的。

到了20世纪60年代，在林登·B.约翰逊（Lyndon B. Johnson）总统的"大社会"（Great Society）和"对贫困宣战"（War on Poverty）计划的扶植下，美国的福利系统才大规模地推广起来，随后又通过立法扩大了社会福利的覆盖范围，而且创建了许多新计划，今天依然可以见到当年的某些计划，例如医疗保险制度（Medicare）[①]——一种面向老年人的免费健康保险。在此期间，美国政府取消了只有结婚的父母才有资格享受福利支持的条件，20世纪60年代至90年代中期，的确有许多家庭没有资格享受最好的福利计划，例如"失依儿童家庭补助"（Aid to Families with Dependent Children, AFDC），除非孩子的双亲之一离开了这个家庭，才可以享受此项计划，顺带说一句，这类家庭几乎都是没有父亲。

福利保障开始成为许多家庭的经济支柱而且产生了大量的依赖者，许多研究美国福利系统的专家都认为，失业者接受救济、丧失工作技艺（或者从来就未曾有过技术）逐步演变为没有能力找到一个稳定的职业，这些使他们积习成癖、习惯性地依赖政府的援助。20世纪90年代初，美国的福利保障给大约一半的接受者延长了一年，30%的受援者延长了2年，另外有15%的享受者延长了4年。此外，接近一半的失掉福利的人在一年内又回到了享受福利的名单上，数百万的人发现，他们可以永久享受救

[①] 美国社会保障局实施的一项方案，为65岁以上的人士提供医疗服务所需的费用。——译者注

济金。①

多数人都会认为这种情形与理想相差万里，经济依赖被普遍认为是不正常的、令人耻笑的行为，因此这样的预言似乎是通情达理的，即这种依赖对各种道德都会造成负面的影响，例如诚实、节俭、努力工作，也许也会影响慈善行为。在现代美国的福利制度降临的数百年前，托马斯·杰斐逊（Thomas Jefferson）曾经这样说过："依赖带来裨益，唯利是图则遏制了德行的发展，并且给野心准备了合适的工具。"这显然不是"保守主义的"概念，许多革新主义的领导人都特别强调过这一点。1935年，富兰克林·D.罗斯福总统当年对联邦各州致词时曾经讲过："对（政府援助）的持续依赖会从根本上导致精神和道德崩溃，破坏国家民族的意志，这种形式的救济等同于分发麻醉品，可以无声无息地毁灭人类的精神。"虽说吉米·卡特（Jimmy Carter）总统当政时的许多社会福利政策发展了美国社会福利制度，但他也称之为"反对劳动"和"反对家庭"的制度。②

有些观察家已经认定，这种无限制的福利体系带来的问题远远超出了造就一批持久的依赖者，他们声称，这个体系给人们创造了许多理由，刺激他们跃跃欲试，除非政策改革，否则随着时间的推移，会产生越来越多的依赖者。这也就意味着，福利政策造成了这样一种试图摆脱困苦的情形：由于没工作，所以接收福

---

① 参见格特鲁德·西默尔法尔布（Gertrude Himmelfarb）《一个国家，两种文化》(One Nation, Two Cultures, New York: Vintage), 2001, 正像历史学家格特鲁德·西默尔法尔布在这本书中所叙述的那样："大社会……常常把穷人带入一个习惯性依赖的封闭的社会。"

② 参见托马斯·杰斐逊（Thomas Jefferson）《弗吉尼亚纪事》(Notes on the State of Virginia, New York: Penguin Books), 1999; 富兰克林·D.罗斯福（Franklin D. Roosevelt）发表的"国会年度咨文"(Annual Message to Congress),《富兰克林·D.罗斯福公文和演说集》(The Public Papers and Addresses of Franklin D. Roosevelt), 1935年2月4日第4卷; 塞缪尔·罗森曼（Samuel Rosenman）编《1935年，法院反对》(The Court Disapproves, 1935, New York: Random House), 1938; 卡特的引言参见罗杰·A.弗里曼（Roger A. Freeman）《美国忽视穷人吗？》(Does America Neglect Its Poor?, The Hoover Institution), 1987, 第12页。

利;又因为福利的存在,所以有些人不选择去工作;于是许多人群陷入到一个螺旋下降的怪圈——游离在闲散无事和政府资助之间。很难验证这种情形是否真实可信,尽管难以确定它的真伪,可是多数人,超过75%的美国人,其中包括70%的穷人,都同意这样的观点:"福利使人们不再像没有这个福利体系之前那样努力工作了。"①

许多中产阶层的美国人不能理解福利为何会成为使许多人热衷加入福利接收者的行列并演变为依赖者的动力,毕竟,这种生活方式意味着双向退化:长期失业;只能维持生活最低水平的保障。其他人则迷惑不解,为什么有些贫困的群体有数量众多的福利依赖者,而其他的一些就没有。福利专家也是政治家的劳伦斯·M.米德(Lawrence M. Mead)认为,那些具有富有社团社会文化背景的人们,例如犹太和亚洲移民,其传统就是依靠努力工作、强大的家庭和社团,这些使他们摆脱了贫穷,因此他们不太可能沦为福利依赖者。相反,米德相信其他贫困的群体几乎不具备社会契约以增强工作道德规范和道德标准,所以他们已经沦落为长期的政府依赖者。如果从米德的观点出发,由于这些依赖者顺利地获得了长期的保障而不是得到寻求教育和工作的机会,因此政府就是这个糟糕局面的始作俑者。如果这个观点正确的话,福利和慈善之间的关系也就一目了然了:意志薄弱的社会几乎不能给予人们经济和道德的支持,因此也就没有使人向上发展的机

---

① 参见理查德·韦尔泰梅(Richard Wertheimer)、梅丽莎·朗(Melissa Long)和莎伦·范迪威尔(Sharon Vandivere)《福利享受者对社会福利、未婚生育和工作的态度》(Welfare Recipients' Attitudes Toward Welfare, Nonmarital Childbearing, and Work),新联邦主义的"美国家庭调查"(National Survey of America's Families) B系列论文,华盛顿特区城市研究院,2001年第B-37期。按照经济学家威廉·尼斯卡宁(William Niskanen)的观点:"如果有些情形完全是次要的或是暂时性的,例如死亡、丧失劳动能力或家庭的经济支柱暂时失去工作等原因,那么福利几乎不会产生争议而且还会有许多益处。当然,道德层面上出现进退两难的局面就是福利造成的,因为福利与其他的社会保险一样,增加了大量的受保人群。"上述引文请参见威廉·尼斯卡宁《福利和贫穷文化》(Welfare and the Culture of Poverty),CATO,1996年第1期,http://www.urban.org/publications/310300.html (检索日:2006年4月1日)。

会，对慈善行为也不能给予令人心悦诚服的理由，于是政府变为一个心甘情愿助人达到目标的角色。①

著名社会学家威廉·朱利叶斯·威尔逊（William Julius Wilson）的观点与米德的看法有些类似，尽管它不太强调福利受益者的特性，但是更加注重他们的生活环境，甚至其自然环境。例如，威尔逊认为，美国城市内的那些贫困的黑人群体被人为地远离中产阶层和主流的商业中心，只要随意留意一下大城市中的那些大型的政府为低收入者所建的住房项目，就会发现许多周边的邻居不会踏入这些社区半步，这也证实了米德的观点。这些依赖性的群体的孤立意味着在这些城市穷人中几乎没有健全的经济行为榜样，他们很难轻松简单地摆脱身边的环境，因为搬迁的代价太大，他们无能为力。常识就能告诉我们，这些长期居住在充满毒品、犯罪、失业以及接受政府补贴和住房的社区的人们不太可能见到蓬勃向上的慈善精神。②

但是对福利受益者缺乏可度量的捐赠和志愿服务也许还有不同的解释，例如，有些研究人员就曾经提出过，与其他人相比，福利受益者的捐赠形式更倾向于非正式的捐赠，比如那些单亲的母亲，她们会互相帮助对方照看孩子。如果无工作的穷人的捐赠行为大部分都是这些形式的话，那么调查结果就不太可能完全体现出他们的捐赠行为，因此评估出来的慈善捐赠可能就会低于其他群体。③

在我看来，这是一个似是而非的观点，而且由于穷人捐给朋友、邻居和陌生人的善款比富人的比例要高，也就是捐款所占收

---

① 参见劳伦斯·M. 米德（Lawrence M. Mead）《贫困的新政治：美国不工作的穷人》(*The New Politics of Poverty: The Nonworking Poor in America*, New York: Basic Books), 1992。

② 参见威廉·朱利叶斯·威尔逊（William Julius Wilson）《真正的劣势阶层》(*The Truly Disadvantaged*, Chicago: University of Chicago Press), 1987。

③ 参见凯瑟琳·埃丹（Kathryn Edin）和劳拉·莱恩（Laura Lein）《收支相抵：单亲母亲如何在福利和低报酬的工作中生存》(*Making Ends Meet: How Single Mothers Survive Welfare and Low-Wage Work*, New York: Russell Sage Foundation), 1987。

人的比例更高，所以似乎印证了这种观点。但这里需要再一次重申的是，这类非正式的慈善行为绝大部分都发生在那些有工作的穷人身上，1999年，在对朋友和陌生人给予非正式捐助方面，福利受助者的人数还不到非福利受益者的一半。①

所有关于社会福利的研究结果都认为，那些可以降低依赖性的政策改革都会有助于提高慈善行为，而且在过去的十年里，由于福利制度的改变，我们已经见证到人们行为上的转变，这些政策的改革提高了那些没有工作的穷人对慈善行为的乐观态度。

20世纪90年代的中期，福利系统满目疮痍，它就是昂贵、不实用、造就依赖者的代名词，而且遭到美国大众强力的抵制。此外，从慈善的角度上看，20世纪90年代之前的福利制度就是一场灾难，尽管当时没人听到过这种说法。但幸运的是，从1996年开始，这个制度发生了一些好的变化，国会通过了一系列的改革措施，其中包括对那些接受福利保障的人们强制性地增加了时间限制，而且要求他们参加工作才可以接受各种救济金。对那些穷人来讲，这些改革不仅当初而且到现在都是对慈善行为的好消息。②

当时有许多人担心这些改革会限制保障的范围进而导致极为糟糕的局面，他们还预言，其结果就是穷人会面临巨大的困苦。一位著名的儿童代言人就把这项法律称之为"暴行"，"它将会

---

① 参见布鲁克斯（Brooks）《福利收据与个人慈善》（Welfare Receipt and Private Charity），第100~113页。
② 福利改革的立法是指1996年的"个人责任与工作机会协调法案"（The Personal Responsibility and Work Opportunity Reconciliation Act，PRWORA），政府不再要求受益者必须是未婚和失业，与之相反，人们必须尽可能去工作才可以接受救济金。新法案中的变化取代了早期制度中的某些做法，例如那时，80%的保障金是以支票的形式发放给接受者，而如今，60%的保障金则直接给了那些可以提供各种必要的服务的机构。然而最显著的变化是规定了接受者的享受时间期限，所有的州政府都采用了一个5年的有效期，而且许多州政府对持久性保障也强制性地采取了更短的期限，而有些重要的福利计划名称的改变也反映出这些限制的改变，例如"失依儿童家庭补助"（Aid to Families with Dependent Children, ADFC）改为"贫困家庭临时救助"（Temporary Aid to Needy Families）。

伤及数百万的美国儿童，并使他们陷入穷困的深渊"，此外她还警告："它会给国家留下一个今后永远不会被人忘却的道德污点。"华盛顿特区的一个无党派智囊团——城市研究所（Urban Institute）则预言，这项法律会把260万的人民，其中包括110万的儿童，推入贫困的行列。①

现实与他们的预言正相反，这些世界末日的情节至今也从未出现过。在1996年福利改革后的第一个7年里，美国大众的贫困率从13.7%降低到12.5%，而且这段时间还出现过一个经济萧条期，此外，按照美国政府的统计，在福利政策改革后的3年里，在这项政策的帮助下，470万的美国人从福利依赖者转变为自食其力的劳动者，而且待处理的福利请求数量从1996年到2004年下降了54%。②

因为当人们摆脱了政府的扶植后，他们变得更加慈善，所以福利改革可能已经对慈善捐赠产生了影响，例如在2001年到2003年接受福利支持的家庭中，有20%的家庭在2003年有过捐赠，9%的家庭做过义工，可是，在那些在2001年接受福利而在2003年不接受福利支持的家庭中，捐赠的家庭比例是29%，参加志愿服务的比例是16%。这里需要说明的是，在此期间那些非福利受益者的家庭的捐赠和义工的比例则是64%和23%。③

---

① 参见儿童保护基金会（Children's Defense Fund）《埃德尔曼谴责总统对"不伤害儿童"承诺的背叛》（Edelman Decries President's Betrayal of Promise 'Not to Hurt Children'），1996年7月31日；美国国家预算与政策重点研究中心（Center on Budget and Policy Priorities）在1996年发表的《城市研究所的研究证实福利法案会增大儿童的贫困》（Urban Institute Study Confirms that Welfare Bills Would Increase Child Poverty），详见 http://www.cbpp.org/URBAN726.HTM。

② 参见美国人口调查局（U.S. Bureau of the Census）《1999年美国贫困报告》（Poverty in the United States 1999），http://www.census.gov/prod/2000pubs/p60-210.pdf；《2003年收入、贫困以及健康保险的责任范围》（Income, Poverty, and Health Insurance Coverage 2003），http://www.whitehouse.gov/infocus/welfarereform；小约翰·J. 迪鲁里奥（John J. Dilulio Jr.）《老而弥智?》（Older & Wiser?），《标准周刊》（Weekly Standard），2005年第1期。

③ 参见2001年的PSID和2003年的PSID。

但是远离福利是使人们更加关注捐赠和志愿服务的理由吗？也许那些最愿意捐款和奉献时间的人是那些将摆脱福利放在首位的人，换句话说，在此之外，可能存在某种力量，它可以使那些贫困的人既有同情心同时又可以抵御对福利的长久依赖，具备如此力量的优异的候选者就是宗教，因为我们已经知道是宗教使信徒比非宗教信徒更具有仁爱之心，同时也可能会使他们更加独立自主。2001年和2003年的调查数据为此提供了例证，在2001年和2003年的那些接受福利的家庭中，他们宗教的归属比例要低于非福利受益的家庭；在那些2001年是福利受益家庭而2003年终止了福利的家庭中，他们世俗主义的比例要低于那些两年都是接受福利的家庭，但是即使是这样，他们世俗性的比例也高出那些没有接受福利的家庭。[①]

许多宗教性的社会公益机构不会对这一事实感到惊奇，多年来，这些机构已经把宗教信仰应用到对罪犯和毒品滥用者的康复以及其他的病理恢复中，一个颇具代表性的机构在为监狱的罪犯提供工作和生活技巧的过程中运用了基督教的信仰，并将此计划形容为"立足于圣经的教义，它注重个人责任、教育和劳动的价值、对众人和财富的关爱以及珍惜上帝倡导的新生命的现实"。正像信仰将许多原来的罪犯转变为有价值观的公民一样，它兴许可以再次帮助人们解决导致人们依赖福利的问题。[②]

乔治·W. 布什政府比较崇尚这种观点，白宫信仰和社团倡议办公室（The White House's Office of Community and Faith - Based Initiatives）提倡并支持宗教性的非营利机构向大众提供政府资助的社会服务，这种做法似乎很受保守主义者和中间派的欢迎，而他们绝大部分都是虔诚的宗教信徒，然而却遭到政治左派

[①] 参见2001年的PSID和2003年的PSID。
[②] 参见《关于IFI的计划》，（About IFI Program），http：//www.ifiprison.org/channelroot/home/aboutprogram.htm（检索日：2006年4月4日）。

的反对，左派指责这一做法是将政教混为一谈。[1]

但是造成自由派和保守派对福利改革中基于信仰的计划的分歧的更重要原因，或许是由于他们对个人责任有着各自不同的观点，也就是对政府收入再分配政策的态度。许多传统的自由主义者否认意识形态是观念的基础，不承认类似贫困这样的问题在那些贫困群体的个人行为中有他们自身的根源。许多倾向保守的、基于信仰计划的评论家则认为，与其说他贫穷而依赖于社会福利是因为他自己认可贫困的选择和不负责任的行为，还不如说他的贫穷来自于这样的一个社会，因为这个社会对他的行为给予了错误的鼓励，即社会对他予以福利支持而不是尝试改变他的品质。许多左派人士鼓吹加强福利国家本身，并将那些被他们称之为"权利"的、讨人欢喜的东西赠与贫困的人们，而不是利用宗教信仰引导他们向上摆脱困境。对保守主义者而言，自由派的观点听起来就像给酒鬼开出一份带酒精的治疗饮料一样，他们认为，人们需要个人进步和机会来帮助自己，而不能过多地给那些贫困的人群提供同样的东西以改善他们的困境，因为这些东西首先会使他们产生依赖感。[2]

探讨贫困根源的论文已经数不胜数了，而且许多社会学家依然在孜孜不倦地挖掘，但我肯定不会这样做，我只是简单地指出福利和慈善之间的关系以展现那些有意义的问题，进而说明我们

---

[1] 正如白宫网站所述："乔治·W. 布什总统的基于信仰和社团的计划象征了政府的一个新起点，并为政府在帮助那些处于危难之中的人们开辟了一个新途径，以前的政府过于忽视或干涉那些基于信仰和社团的机构的各种努力，它们那些富有同情心的努力一度被官僚主义的官样文章视为是没必要的、不正确的并加以限制，而且利用资金加以限制。"上述内容参见（检索日：2006年4月1日）http：//www.whitehouse.gov/infocus/faith-basedl；参见瑞科雅·索琳歌尔（Rickie Solinger）《……但是那些人没有信仰》（……But No Faith in the People），《社会公正》（Social Justice），2001年第1期，第11~13页。
[2] 参见加德·伯恩斯坦（Jared Bernstein）《穷人的储蓄计划》（Savings Incentives for the Poor），《美国瞭望》（American Prospect），2003年第5期。他在文章中叙述道："只要有一个更好的基于收入的安全网络、更高的最低工资、较低的失业率、更加公平的税收政策、更好的反对歧视的措施以及其他诸如此类的改革政策，人们才能摆脱贫困。"

如何减轻贫困。那些把贫困视为制度问题的人会倾向采用世俗的、政府关注的解决方案,而那些认为贫穷是个人行为问题的人则赞成面向私人的、宗教性的、个人机会的解决方案,但是不能以此断定这些世界观的好坏。然而我却认为自由派的方案一定是造成制约慈善行为的间接因素,而个人的、以信仰为基础的解决方案对慈善行为一定有积极的作用,而且正像各位在后面的章节看到的那样,慈善行为越多,穷人就会更加繁荣发展并且他们的生活质量也就越高。

少数的研究调查对福利受益者和政治信仰是否是一类人群做过相关的调查,这些调查结果已经给出了公正清晰的答案。例如在1986年,在位于收入底层的占人口1/5的人群中,那些没有接受AFDC、一般援助(General Assistance)、补充社会保障收入(SSI)、食品券计划(Food Stamps)津贴的人比那些接受了其中一项补助的人更愿意认同自己是政治保守主义者,前者的比例要高出后者34%。如果有两个人,他们的宗教信仰、总收入、教育程度、性别、婚姻状况和种族完全相同,只是其中一人接受了福利补助,那么这位福利受益者与另一位没有接受福利的人相比,他更不愿意把自己看做是一位保守主义者。

对这种现象有两种解释,首先,即使当低收入的保守主义者符合条件时,他们也许不太可能请求福利补助,因为保守主义的价值观包括自立和个人奋斗,固守的前提就是一个贫穷的保守主义者不可能像自由派的穷人那样请求福利补助。

另外一个原因就是福利本身会使人们更加具有自由主义的倾向。假设有一个有资格接受福利的保守主义者,如果她从政府那里收到了补助金,她可能就会体验到心理学家所称的"认知失调"(cognitive dissonance),在这种状态下,自身的两种态度会彼此交织在一起,处于矛盾之中。一方面,身为保守主义者,她也许会认为人们应该帮助穷人而且应该独立自主;而另一面,至少在这段时间,接受政府的补助金和帮助对她是有益的。心理学家认为,当人们发现这种不和谐的局面时,他们会试图通过改变某种态度去解决这种现象。我以前曾经听说过这样一种说法,据说想要把一个自由主义者变为保守主义者的最快的方式就是偷走他的钱包,也许有一个非常好的方式让保守主义者成为自由主义者:给他一张福利支票。①

围绕穷人捐赠的各种情形进行的研究更进一步表明,政府对经济生活的干涉对慈善会造成负面的影响。我们曾经见证过,那些认为政府应该对收入进行再分配的人不太乐意捐赠,现在我们发现这些再分配的受益者同样也不情愿去捐赠。②

当福利政策降低慈善行为的时候,谁会受到损失呢?我们可能自然地就会想到是那些慈善机构以及它们所帮助的人,但是实际上对非营利机构的影响最小,因为穷人的捐款相对来讲非常小,所以受到福利政策扼制的善款数量并不太明显。让我们看看下面粗略的统计,20世纪90年代期间,联邦政府、州政府和地方政府的福利开销每年大约递增7.5%,每年私人捐款的数量大约为1500亿美元,其中那些福利接受者的善款还不到1%。而每年额外的福利开销使那些福利受益者的捐款下降的数目还不到2000万美元,只相当于所有私人捐款的0.1%。当然,这些善款的降低会以不同的方式影响不同的慈善机构,所以以上的粗略分析并不是说个人的善举不会造成负面的影响,也不是降低每1美元捐款的重要性,正如特蕾莎修女(Mother Theresa)说过的那样:"我们自己感觉我们现在做的只是沧海一粟,但是,如果那个水滴不在大海里的话,我相信由于失去了那个水滴,大海也会减少的。"然而实际上即使没有福利接受者的捐款,慈善机构也不会受到实质性的影响,对非营利机构的伤害并不是反对福利政

---

① 欧文·克里斯托(Irving Kristol)经常被人称为"新保守主义者",也就是"遭到现实洗劫的自由主义者",也许偷走一个自由主义者的钱包是克里斯托尔原理的自然应用。

② 查尔斯·默里(Charles Murray)这样评价福利社会:"福利国家的主要缺点……并不是没有能够成功地实现它的承诺(尽管是这样),甚至也不是常常使那些期望解决的问题更加恶化(尽管确实如此),因为福利国家耗尽了太多的生命,所以从根本上讲它是有害的。"参见查尔斯·默里(Charles Murray)《取代福利国家的计划》(A Plan to Replace the Welfare State),《华尔街日报》(Wall Street Journal),2006年3月22日A16版。

策的一个有说服力的论点。①

如果这些捐款是可以忽略不计的，那么我们还应该关注那些没有工作的穷人是否捐赠吗？毫无疑问，答案当然是"必须"这两个字，因为捐赠行为不仅仅是简单的金钱易手，它的意义要重大得多，它也是捐赠者自己摆脱贫困的关键因素，虽然现在我们还没看到那个完整故事的其他部分。

在结束福利和捐赠的话题之前，再考虑一下其他的事情，如果福利削弱了那些没有工作的穷人的慈善行为，那么它也许会鼓励慈善的对立面。我已经把"为了别人受益做出的自愿奉献"作为慈善的直观定义，那么"非慈善的行为"就应该包括极端的自私自利以及不道德的或犯法的行为。

我们已经看到过正式的慈善行为和其他道德行为之间的关系。在过去的一年里，在那些"每周"都捐款的人群中，有80%的人把找错的零钱还给收银员，但那些没有捐款的人，归还多找的零钱的比例只有30%。如果不是出于某些奇怪的原因，或者除非我们相信这些收银员在面对那些慈善的人群时比遇到自私的人更容易出错，那么上述事实也就说明"道德差距"意味着低水平的捐赠，或者可以这么讲：捐赠者就是比那些非捐赠者更诚实。

由于福利受益者的捐赠少于其他人，而且慈善又与诚实联系在一起，我们或许会猜想福利接受者可能会有一些不道德的行为，的确许多专家都认为福利和犯罪行为之间存在着必然的联系。许多统计研究证明，那些依赖福利的社区都有变为充满犯罪的社区的趋势，政治学家詹姆斯·Q. 威尔逊（James Q. Wilson）就把"品质堕落"将"提高福利……和抢劫犯罪"联系在一起。虽然对所有的观察者而言，福利与犯罪之间的因果关系并不十分明显，但许多理论学者的确还是希望看到当福利降低时，违法行

---

① 参见罗伯特·E. 雷克托（Robert E. Rector）《入息福利开销：过去和未来的增长》（Means-Tested Welfare Spending: Past and Future Growth），《传统基金会》（Heritage Foundation），2001；2003 年的 PSID 和 2000 年的 GVS。

为会因此上升，因为福利不断地下降也就意味着某些人在经济上会越来越绝望，因此犯罪率就会增加，这就是2004年一个重要的研究课题的发起人的初衷，他们的研究内容就是对福利系统的变化所带来的影响进行评估。调查结果令他们无比震惊，他们惊讶地发现，"尽管那些受益者失去了他们的福利津贴，但随着时间的延续，犯罪和吸毒行为都降低了。"[1]

与慈善相悖的自私自利、犯罪和其他的"品质堕落"看起来都是有关系的现象，而且从统计上看，福利政策（至少在20世纪90年代中期的改革之前）确实与许多容易受到经济利益诱惑的人的这些蜕变有关联，这就使我们不由得再次回到那个极左翼的、古老而又中意的观点：慈善和同情心都位于政府收入再分配的政策中。

---

[1] 参见詹姆斯·Q. 威尔逊（James Q. Wilson）《婚姻问题：我们的文化怎样毁坏了许多家庭》（*The Marriage Problem: How Our Culture Has Weakened Families*, New York: HarperCollins, 2002）；维多利亚·L. 布朗（Victoria L. Brown）、艾萨卡·D. 蒙托亚（Isaac D. Montoya）和谢丽尔·A. 代顿-肖特斯（Cheryl A. Dayton-Shotts）《在福利受益者中犯罪行为和吸毒行为的趋势》（Trends of Criminal Activity and Substance Use in a Sample of Welfare Recipients），《犯罪与少年犯罪》（*Crime & Delinquency*），2004年第50卷第1期，第6~24页。

第五章
慈善始于家庭

积善之家，必有余庆。

——中国谚语

　　1997年，一群富有殷实的孩子们的家长聚集在纽约讨论了一个令我们许多人羡慕的问题：怎样才能避免他们所拥有的金钱毁坏了子女们的生活？从那些有钱的朋友和亲戚那里，他们看到了那些不必为生计外出工作的孩子们长大后通常变成了懒惰、麻木、不快乐的成年人，所以必须得有一个方法，在不涉及摆脱金钱的前提下给孩子们灌输正确的价值观。

　　他们的解决方法就是慈善事业。这些家长创建了非营利性的全国家庭慈善中心（National Center for Family Philanthropy，NCFP），其目标是把恶习的威胁变成形成良好道德观的机会，该中心的使命是"使捐赠者的后代及捐赠者的家庭弘扬慈善事业的价值观、前景及其美德"。它建议捐助者与子女一起参与慈善的决策，以此鼓励孩子们养成捐赠的习惯。按照该中心的说法："学习捐赠和共享的观念从不嫌早，学习慈善事业是第一步，第二步就是实践并将它运用于日常家庭生活中。"[1]

　　这个故事可能使人们误以为，由于富人拥有太多的东西可以捐献，所以家庭慈善事业是对富人的惩罚，而与其他的普通人无

---

[1] 参见2005年6月作者和全国家庭慈善事业中心教育和推广部主任黛安娜·史沫丽（Dianna Smiley）之间的讨论；也可参见《提高慈善的六点建议》（Six Tips on Raising Philanthropic），http：//www.ncfp.org/fgn-july2005/upfront.html。

关。但这一结论无疑是个错误，我们已经知道了，慈善不只是收入或财富的一种副产品，从根本上讲，它完全不是一个金融现象，而是一种独特的、超凡的人类美德，所依托的是人类的爱，也是自然的家庭价值观。

家庭生活与慈善有着千丝万缕的关系。首先，最简单地来讲，身为父母的人比那些没有孩子的人更为慷慨，只有少数情况例外，例如单亲家庭，所以家庭普遍有助于行善。也许是养育子女激发了捐赠，或许是乐善好施的人们更倾向于生养子女，但是我们发现，一个四口之家与只有两个成员的家庭相比，他们每年更愿意捐赠和做义工。抚养孩子既昂贵又耗费时间，所以当看到孩子的父母能比那些没有子女负担的人拿出更多的时间和金钱来赠与他人时还是会略感惊奇。①

当然并非所有为人父母者都是捐助者，有些人从来就没有捐赠过，而同时，许多没有儿女的成年人也非常慷慨。然而，如果不考虑其他的因素，为人父母犹如信奉宗教一样，同样有助于提高捐赠的可能性。如果两个已婚的成年人，他们的收入、教育程度、宗教信仰、种族、年龄和政治观点完全相同，只是第一个人比第二个人多一个孩子，那么前者会比后者更可能捐赠，而且每年捐出的善款明显多于后者。

因此有理由相信，生育与慈善有关，罗马剧作家安德里亚·特伦斯（Andria Terence）就曾经说过："慈善始于家庭。"没有多少发自内心的善举可以超过父母对子女无条件的爱和关怀之情，如果你对这个常识还是不太满意的话，经济学的证据也可以证明相同的论点：养育儿女，尤其是全身心地去关心、呵护和培养孩子是有代价的，对父母而言这些都是个人成本，但同时它也会产生许多使每个人都心满意足的回报。个人的付出有些是显而易见的，例如基本食品、住房和教育的支出，也有些是隐性的成本，比如特别是妇女会放弃发展事业的机会。但另一方面，养

---

① 参见 2000 年的 SCCBS；这个计算模型以家庭的规模和其他统计学的参数回归每年慈善机构收到的捐赠和义工人数，采用 tobit 回归程序进行预测。

育子女也给社会带来了益处,其中就包括可以造就许多拥有生产力的新公民,他们会通过纳税的方式来承担公共事业的支出、创造财富和储蓄用以经济投资以及分担政府的债务。迄今所有严谨的研究告诉我们,生养子女给美国社会带来的纯收益是巨大和正面的,可以断言,养育孩子和金钱捐赠无异于两种类型的慈善,这也是我们已知的事实。①

第二个有关慈善和家庭的事实:慷慨的家长培养出慷慨的孩子。调查数据可以明确无误地证明这一点,在 2000 年一个大型的调查中,被抽样调查的美国人在被问及其父母做义工和他们自己做义工的情况时,那些儿时曾目睹父母做志愿工作的成人中有 56% 的人每年也会去做义工;相比之下,那些父母从没有做过志愿者的人群中,只有 38% 的人成年后会去做义工,这种格局适用于宗教和非宗教性质的志愿服务。即使是忽略收入和其他方面的差异,结果也是如此,举例来说,如果两个人有同样的收入、教育水平、性别、种族和婚姻状况,但第一人有做过义工的家长而第二人没有,那么成人后,前者比后者成为志愿者的可能性多出 12 个百分点。

慷慨或吝啬的父母所培养的孩子也同样有很大的差距,当与其他因素结合在一起的时候,例如宗教信仰或世俗论,这种差异将是巨大的。举例来说,2001 年,在属于某个教会的成年人群中,有 61% 的人是志愿者,而他们的父母也曾经是志愿者;与之相比,有 44% 的教会成员的父母不曾是志愿者,只有 30% 的世俗论者的父母不曾是志愿者。②

---

① 参见 A·克里滕登(A. crittenden)《母亲的代价:为什么世界上最重要的工作仍然是没价值的》(*The Price of Motherhood*: *Why the Most Important Job in the World Is Still the Least Valued*, New York: Metropolitan Books), 2001; R. 李 (R. Lee)、T. 米勒 (T. Miller)《人口政策和生育的客观性》(Policy and Externalities to Childbearing),《美国政治与社会科学院纪事》(*Annuals of the American Academy of Political and Social Sciences*), 1990 年第 510 期, 第 17~43 页。
② 参见 2001 年关于捐赠和志愿服务的调查报告, 41% 的那些父母曾经是志愿者的非教会成员成年后也会做志愿工作。

2001年，印第安纳大学进行的一项有关美国家庭的大型研究也得出类似的结论。研究人员关注的是那些年龄足够大的成年人，即他们的子女已经长大成人，而他们关心的问题则是这些年长的父母现在的捐赠行为是否对他们子女的慈善模式有着影响，这个调查结果将被视为家庭内部形成的慈善文化的证据。他们发现，如果父母捐赠，他们的成年子女更容易为宗教和其他世俗原因付出，即使收入、教育程度、年龄、种族以及其他可能影响到各个家庭慈善行为的因素完全相同，父母捐赠的增加也会提高他们成年子女的捐赠程度。①

为什么捐赠者的子女将来更有可能成为行善者？难道是有"捐赠基因"？这个假设看起来并不那么疯狂，近年来，学者们在研究人们的个性，如幸福、宗教和先天的才智之后，找到了一个强有力的基因关系说。②

这个理论认为，我们大多数人可能会赞同，行善就像其他良好的教养一样，儿童是可以通过学习得到的，而这些乐善好施的家长，也就是那些认同慈善在自己生活中的价值的成年人，是最有可能向孩子们传授慈善理念的人。

---

① 参见马克·威廉（Mark Wilhelm）、埃莉诺·布朗（Eleanor Brown）、帕特里克·鲁尼（Patrick Rooney）和理查德·斯坦伯格（Richard Steinberg）《慷慨的跨代传递》(The Intergenerational Transmission of Generosity)。有趣的是，这些研究者并没发现，在其他因素不变的情况下，家长对世俗事业的捐赠会促进他们子女的宗教性捐献，反之亦然。

② 参见大卫·莱肯（David Lykken）和奥克·特立根（Auke Tellegen）《幸福是随机现象》(Happiness Is a Stochastic Phenomenon)，《心理科学》(Psychological Science)，1996年第7卷第3期；托马斯·J. 布沙尔（Thomas J. Bouchard）和马特·麦古（Matt McGue）《遗传与环境对人们心理差异的各种影响》(Genetic and Environmental Influences on Human Psychological Differences)，《神经科学杂志》(Journal of Neurobiology)，2003年第54卷；托马斯·J. 布沙尔《个性遗传学》(The Genetics of Personality)，《精神病遗传学手册》(Handbook of Psychiatric Genetics, Boca Raton, Fla.：CRC Press)，1997，第273~296页；H. H. 马斯（H. H. Maes）《参与宗教活动的次数和饮酒的频率：相同的遗传基因还是相同的环境：双变量扩展的孪生血族模式》(Religious Attendance and Frequency of Alcohol Use: Same Genes or Same Environments: A Bivariate Extended Twin Kinship Model)，Twin Res，1999年第2期，第169~179页。

为什么乐意行善的父母要教育他们的孩子也做善事呢？首先，正如所有的捐赠者体会到的那样，助人使人快乐，而且大部分家长也都希望子女拥有快乐的生活。许多有宗教信仰的家长会进一步认为，教导子女帮助他人是自己的责任，甚至认为良好的道德行为是拯救孩子灵魂的钥匙。也许还有一些自私的理由，父母教子女如何做善事是因为他们希望子女们日后会记住当年的这些教导，当他们年迈时，子女也会仿效他们的做法反过来照顾他们。最后，大概也有一些社会因素，那就是慷慨善良的孩子会使父母感到无比自豪，而自私自利的孩子则令家长们羞愧不已。

大多数家长所面临的问题是如何最有效地教育孩子为人慷慨。许多心理学家都强调榜样的重要性，而且相信在育人行善的过程中，榜样是特别有效的手段，而全国家庭慈善事业中心提出的"家庭捐赠方案"正是引导家庭如何最有效地建立起这些慈善榜样。①

另一种可能的模式是利用把财产赠与自己的孩子来教导子女捐助他人。有证据显示，这也是一种行之有效的策略，继承的财富比自己劳动所得更能产生并刺激人们的行善欲望。我已经发现，在那些有慈善捐赠的家庭中，人们拿继承过来的财产去捐献的善款大约是其他形式的财富所得（储蓄或房产）的2倍，而且是用自己劳动所得所捐献的4倍。在这里可以详细地解释一下这种情况，假设三个人拥有完全相同的宗教信仰、教育程度、种族、年龄和子女人数，第一个人继承了20000美元，第二个人在股市赚了20000美元，而第三个人涨了20000美元的薪金。在他

---

① 据美国心理协会（American Psychological Association）的说法："不是每个人都有时间投入到义工工作，或捐钱的理由（实际上，我们知道这是不正确的说法）。但家庭生活中的一部分也应该有一些有同情心的行为，它们未必惊天动地，例如给邻居帮点小忙、把流浪动物送到收容所、给无家可归者一些零钱或关心的话语以及制止一群戏弄同学的青少年。有许多类似的善意行为的你的孩子也在关注你的这些行为，他们甚至参与其中。"上述参见《如何使你的孩子关心别人？在暴力世界里传播柔情》（What Makes Kids Care? Teaching Gentleness in a Violent World），http://www.apa.org/pubinfo/altruism.html（检索日：2006年4月11日）。

们得到这些钱的第一年里,我们可以预计,继承人的慈善捐款比他前一年会多出 82 美元,股票受益者则会多捐 48 美元,而薪水增加的第三人只会比前一年多捐 18 美元,而目前尚没有证据显示这些不同与因收入和财富上交的不同的税款有关。[1]

也许把钱留给子女的父母往往也是资深的捐助者,并早已将这种观念灌输给了自己的子女,或许可能因为接受慷慨遗赠的人自己会产生慷慨感,也许因为它们常常是一笔预算之外的横财,但无论如何,遗赠似乎有刺激作用并使年青一代提高他们的捐赠水平。

孩子们会从父母的言传身教中学到慈善的观念。但是还有其他的方式方法,使家长的行为对孩子们在今后能否成为一个乐善好施的人有作用。

或许不足为怪,生长在信奉宗教家庭的孩子更有可能成长为乐善好施的人。还记得那位来自南达科他州基金会的执行官,在看到我的数据中即使是南达科他州的世俗论者都会把他们收入中相当大比例的部分捐给慈善机构时,就曾经解释过:"我们这里的人都被教导要去上什一税。"其实,这种早期有关慈善的教育是至关重要的,即使一个儿时生长于宗教环境而长大后最终放弃宗教信念的人也比一个成长于世俗家庭的人更有可能做善事。有关的调查数据显示,儿时每周被带到教堂的人比那些从未被带到教堂的人在其成人后做善事的可能性多 22 个百分点(78%:56%),即使在那些成年后不再参加教会的人群里,它的作用也很明显,儿时每周都被带去教堂而成年后成为世俗论者的这些人,他们的捐赠比例比在世俗家庭里长大的人多 21 个百分点,二者的比例分别是 47% 和 26%。[2]

让我们形象地解释一下这一重要的结论,试想两个不信教的

---

[1] 参见 2001 年的 PSID。这一分析利用继承收入、劳动收入、年龄、性别、婚姻状况、家庭规模、教育、宗教关系和种族回归计算捐赠,计算模型采用了普通最小二乘法,由于大部分捐赠是由许多非金融因素的变量解释,所以那些边缘捐赠很低。

[2] 参见 1999 年的 ARS。

人，他们的教育程度、年龄、政治观点和种族完全一致，唯一不同的是第一个在儿时被带到教堂去礼拜，另一个则不是。那么数据告诉我们，在成年后，前者行善的可能性是后者的两倍。[①]

这一结果是对早期结论强有力的补充说明，即宗教实践是美国慈善最重要的预知因素。过去，我们看到了来自社会各阶层和信奉不同教派的宗教信徒比世俗主义者更愿意为各类慈善机构捐献或做志愿服务，今天我们看到的是，父母赋予子女的信仰深刻地影响了他们成人后的慈善行为。看来似乎是借助宗教的力量，父母将捐赠的概念深深地"固化"在了他们心中，而这些可能来自于早期子女们对教堂的道德教育的耳濡目染，或者对父母行为模式的观察。笃信宗教的人们甚至会争辩道，上帝给这些年幼的信徒灌输了为人慷慨的人生观，今后无论他们有哪一类的宗教行为，这一理念会使他们一生替上帝行善。所有这些解释都表明宗教信仰对形成慷慨待人的人生观的重要性，并把它与家庭生活紧密地联系在一起。

当我们分析慈善捐赠的时候，结婚和离婚也是不可忽视的家庭因素。这些因素对慈善的冲击力比宗教因素的影响更加难以度量，因为调研通常不会同时问及人们的捐赠现状以及父母的婚姻状态。不过，参照以前的结论即乐于付出的家长能培育出乐于奉献的子女这一事实，我们依然可以做出一些合乎逻辑的推论，因此那些使家长变得慈善或自私的家庭特性对子女也会产生同样的影响。

从理论上讲，婚姻应该有益于提高成人的慈善行为。这里有两个原因，首先，成家会使家庭增加捐赠的可能性，举一个简单的例子，试想一个单身女人每年有50%的机会为慈善机构捐赠，随后嫁给了一位与她有着同样宗教信仰的男子，而且他们双方的教育程度、收入、政治观点等等都基本相同，那么这位丈夫也就具备了每年50%的捐赠可能。当他们在一切平等的前提下结婚

---

① 参见1999年的ARS。此分析采用probit模型，根据人口统计学和儿时参见宗教活动的次数分析捐赠的可能性。

后，并且假设他们各自慈善捐助的决定是相互独立的，那么这位妇女的家庭捐赠可能性将是 75%。①

其次，已婚的人通常比未婚的人快乐得多，幸福感与高水平捐赠是有很大关联的。在最近的一次调查显示，41% 的已婚人士表示他们"非常幸福"，相比之下只有 26% 的从未结婚者和 16% 的离婚者有此同感；在同一项调查中，84% 的"非常幸福的人"会捐赠慈善机构，而只有 70%"不太幸福"的人会捐献。②

所以对这些人的预测丝毫也不令人惊讶，调查数据十分清楚地表明，已婚的成年人，尤其是已婚父母捐献和志愿服务的比例远远高出那些离异或单身的人士，而这也意味着他们给自己的子女也做出了不同的榜样。在 2002 年的统计中，85% 的已婚父母捐钱给慈善机构，相比之下，只有 76% 的离异父母和 56% 的单亲家长会去做同样的事情，而志愿服务方面的差异则更大。③

就像这些结论一样重要，有证据表明某些与离婚有关的原因，而并非单纯的离婚本身直接造成了家长是否愿意捐赠和参与志愿服务。如果在收入、年龄、教育、宗教、政治观点、种族以及家庭规模完全相同的条件下，婚姻状况本身并不能十分准确地预测人们捐赠或参与自愿服务的倾向；再者，如果两个有子女的父母各方面的条件都相同，只是一人已婚，而另一个离婚，则两

---

① 这是一个简单的概率模型，该名女子和丈夫各有 0.5 的可能性不做捐赠，所以当假设他们的决定是独立的，他们同时不捐赠的可能性是 $0.5 \times 0.5 = 0.25$，所以个人捐赠的可能性就是 $1 - 0.25 = 0.75$，即 75%。

② 参见 2002 年的 GSS；但是婚姻也可能不利于慈善行为，当一组经济学家研究夫妻实际上如何做出捐赠决定时，他们发现由于夫妇间对捐献的异议通常会使捐赠的总额下降，举例来说，如果前面那个例子中的新婚女子想给她的教会捐赠，但她的丈夫一心想捐给地方歌剧院，那么他们往往就会采取两者都不捐的折中方案。相反，单身人士自己做决定，所以也就没有这样的冲突。上述内容参见詹姆斯·安德烈奥尼（James Andreoni）、埃莉诺·布朗（Eleanor Brown）及艾萨克·里沙尔（Isaac Rischall）《已婚夫妇的慈善捐赠：谁来决定？为何重要？》（Charitable Giving by Married Couples: Who Decides and Why Does it Matter?），《人力资源杂志》（Journal of Human Resources），2003 年第 38 卷第 1 期，第 111~133 页。

③ 参见 2002 年的 GSS。

者在捐赠上并没有明显的区别。离婚也许主要是通过其本身与收入、宗教、幸福及其他因素的关系影响了父母的慈善行为，我很快就会讨论这个问题。

反之，单亲家庭对慈善来讲简直就是灾难，即使收入和其他因素完全相同，从未结婚的单身父母和无子女的单身人士在慈善捐献方面存在着巨大的、持续性的差异。在捐款和志愿服务上，前者慈善的可能性比后者都低21%，对应的比例分别是56%比77%和30%比51%，而且在非正式的慈善方面，前者的表现也不尽如人意，例如他们献血的几率只是后者的一半。

如果我们对收入、年龄、教育、宗教、种族和政治观点加以限制的话，无子女单身人士和单亲父母之间的慈善差距会更大。例如两个从未结过婚，各方面条件都相似的人，他们唯一的区别只是其中一个至少有一个孩子，另一方却没有，那么即使在收入、教育、宗教信仰等条件都相同的情况下，单亲家长在捐献方面的可能性通常每年比单身无子女的人低26%。

我们再分析一下单身父母和无子女的单身人士之间这个26%的捐献差别，它有可能低估了由于非法生育所造成的影响，因为没有进一步的数据可以使我们区分哪些孩子属于真正的单亲家庭，哪些孩子属于稳定的、同居性的家庭或者他们的父母是同性"夫妻"，而所有类型的"夫妇"的捐赠比例都高于那些家中没有伴侣的母亲。所以一个有稳定伴侣、慈善的女同性恋母亲，在统计数据中常常"表现出"一个异乎寻常地慈善的单身母亲的特征，尽管她本身并不具有任何单身母亲的意义。没有证据表明，这些非传统意义上的父母不热衷于慈善事业，或者他们教育的子女将来会成为自私自利的人。我们知道，破碎的家庭或父母不当的管教对子女将来是否热衷于慈善活动有着可怕的负面影响，而稳固的家庭对慈善事业则起到良好的作用，然而并没有任何证据能证明，拥有异性或同性父母的这种家庭特性是至关重要的决定因素。

为什么单亲家长不能像已婚父母或无子女的单身人士一样捐赠呢？在关于社会福利的那一章里，我们已经介绍了单亲家庭低捐赠率的直接理由。因为许多家庭通常都有分工,所以单亲家庭是社会福利受益者的一个重要的晴雨表,抚养子女和追求事业实在难以同时兼顾,如果父母一方的主要精力是赚钱,而另一方主要是负责照顾子女,那么夫妻二人就可以解决这个问题。单亲家长则经常得求助于社会福利才能保障孩子的抚养以及家中的各项经济开支,所以正像我们看到的那样,接受福利保障的人在慈善捐赠上大大逊色于不享受社会福利的人。[1]

我在前文里已经提到过,并没有明确的数据表明父母的婚姻状况与孩子今后的慈善行为之间的关系。不过有很多证据显示,离婚和单亲家庭对儿童的全面社会化有巨大的影响,那些在破裂家庭成长的孩子比来自完整家庭的儿童有更多的社会问题,而且取得成功的机会也少,这肯定会局限他们的捐赠行为。

当谈及破裂家庭以及对孩子成长的影响时,我们的确需要了解一些事情。首先,要培养子女成为有责任感、遵纪守法的人,父亲这一角色尤为重要,许多研究都已经发现反社会行为和家庭破裂有着紧密的联系,尤其当家中缺少一个与孩子和妻子生活在一起的、有着一份正当工作的父亲时更是如此。那些在成长的过程中没有父亲的孩子,更容易学业失败或者在高中毕业之前就辍学离校、有情绪或心理问题、有过早的性行为、怀孕以及更容易受到毒品和酒精的诱惑。目前,70%被羁押的少年犯在家中得不到亲生父亲的照顾,这群没有和亲生父亲一起生活的年轻人与其他生活在稳定家庭的同龄人相比,最终成为成年犯的几率是后者的 7 倍。再参考一下其他已有的自私自利和反社会行为之间的联系,可以肯定地讲,亲生父亲的缺失对后代的慈善行为有着负面作用。[2]

---

[1] 参见总统经济顾问委员会(Council of Economic Advisers)《不均衡与经济报酬》(Inequality and Economic Rewards),载《总统经济报告》(*Economic Report of the President*, U. S. Government Printing Office),1997,第 163~188 页。

[2] 参见詹姆斯·Q. 威尔逊(James Q. Wilson)《婚姻问题:我们的文化如何削弱了家庭结构》(*The Marriage Problem: How Our Culture Has Weakened Families*, New York: HarperCollins),2002。

研究人员发现,对离异的父母来说,再婚并不是一个教育好子女的补偿。举例来说,在家庭收入和其他条件相同的情况下,继子女(他们当中的90%和亲生母亲和继父生活在一起)比亲生子女更容易遭受虐待、忽视以及缺乏监督,继子女也比那些与亲生父母住在一起的孩子更有可能辍学并成为少年孕妇。不要天真地认为,父母离婚这种纯间接的因素对孩子将来能否成为慈善的人没有负面作用。①

　　在统计上,想把社会福利、单亲父母以及包括自私在内的反社会行为分开来看几乎是不可能的。因为贫困和自私交织在一起形成恶性循环,而这些现象本身就已经无比严重了,但这种关系着实令人不安,因为我们现有的证据表明,父母的慷慨或自私自利是他们子女慈善或吝啬的根源,换句话说,这个恶性循环不仅贯穿于人们的一生,而且还会在家族中代代相传。

　　既然我们了解了慈善教育从家里开始,那么什么时候是最好的传授时机呢?儿童心理学家认为,小学阶段是对儿童进行最正面(或负面)社会行为教育的最好时机,因此这大概也是教导他们的慈善行为的最好时间。一些慈善基金会和学术研究者已经意识到这一点,而且他们已经启动了一项名为"学习给予"(Learning to Give)的计划,其目标就是教育并协助家长培养孩子,使之成为终生乐善好施的人,儿童发展专家和慈善事业学者为此已经制定了一系列发展策略,例如社区里的家庭慈善项目,通过谆谆教导使孩子们从小就养成捐赠的习惯。②

---

① 参见詹姆斯·Q. 威尔逊(James Q. Wilson)《婚姻问题:我们的文化如何削弱了家庭结构》(*The Marriage Problem: How Our Culture Has Weakened Families*, New York: HarperCollins), 2002。
② 依心理学家罗伯特·科尔斯(Robert Coles)所言,"在小学阶段,也可能在其前后的时期,在慈善的家庭和邻里的环境中,孩子成为可塑造的具有良好道德感的对象,而且对世界充满好奇,想知道万事如何运作、在各种情形下如何或者为何做出不同的反应。"参见卡瑟林·A. 阿加德(Kathryn A. Agard)《培养孩子们的捐赠、分享与关怀的观念》(Raising Kids Who Give, Share & Care), http://www.learningtogive.org/parents/raising/ (检索日:2006年4月11日)。

通过明确的策略来教育孩子做一个行善的人是显而易见的做法，但由于若干理由，它们更容易在某类家庭里实施。首先，幸福、完整的家庭往往拥有最好的育儿技巧，大量的研究表明，享有幸福快乐的亲属关系的成年人比那些不稳定、不快乐的成年人更有可能成为有效的家长；其次，已婚父母最可能一起参加面向所有儿童的家庭项目，当然也包括各种捐献的项目；最后，正像许多作家描述的那样，与离异的或单亲家庭相比，完整的家庭往往更容易把自己与社区融合在一起，这一点在有宗教信仰的家庭中尤为突出，因为在他们的教会中就有固定的社区小组。①

那些在家长和孩子们中可以预测慈善捐赠行为的家庭特性也有助于说明政治保守派和自由派的捐赠差异，政治右倾的人比左翼人士更能展现出这些色彩，例如参与宗教和稳定的婚姻，而正是这些使这些父母和他们的子女更倾向慈善捐赠。

在前面，我们已经建立起宗教与政治之间的关系：每周都参加礼拜的保守主义者的比例几乎是自诩自由主义者的两倍，而从不参与礼拜的自由派差不多是保守派的两倍。因此自由派不会像保守派那样将子女置于宗教环境中，而宗教环境不仅有助于家长的慈善行为，而且当孩子们长大成人并成为一个慈善人士时，更能体现出宗教场所培养慈善行为的独到之处。另外据2002年的统计，保守派倾向结婚的比例也远远高于自由派，他们之间相差16个百分点。②

自由主义者的生育率比保守主义者低，这意味着他们有可能在慈善捐献和志愿工作方面表现不佳，因为前面已经讨论过，即使在同等收入的情况下，生养越多孩子的人会捐献出更多的时间和金钱，同时少生孩子还意味着那些慈善的自由主义者只能将自己的慈善意愿及政治观点传承给少数的人们。下面的调查数据就足以说明这一点，2002年，在美国随机抽选了100个政治保守

---

① 参见 R. E. 埃默里（R. E. Emery）《结婚、离婚和儿童的适应性》(Marriage, Divorce, and Children's Adjustment, Thousand Oaks, Calif.: Sage), 1999。
② 参见2002年的 GSS。

的来自不同家庭的成年人，调查结果显示他们共有子女212名；同样选择了100名自由派的成年人，他们却只有156名孩子，而造成这个差距的主要原因就是他们的宗教分歧和婚姻模式。①

自由派的低生育率也许还代表了其慈善观中某些更基本的东西。在发达国家里，如美国，当人们在晚年不再"需要"子女的经济支持时，生养儿女的经济动机大大下降，生育的决定变得越来越侧重于其他方面，例如子女本身或社会，而非为了自己。简而言之，生育就是慈善决定，某些人可能主张，或者至少他们个人会相信，尤其在人均收入不断上升的经济大环境中，放弃生育就是自私的标志。

幸福感是解释政治及慈善活动之间关系的另一个因素。美国的保守主义者表现出来的主观幸福感始终高于自由主义者，举例来说，保守派在2002年的统计中自感"非常幸福"的人数比民主派多30%；而认为自己"不太幸福"的人比对方少36%。然而这只是参考了收入、教育、种族或性别等因素，并不全面，在收入、教育程度、年龄、种族、性别、宗教和子女人数相同的情况下，认为自己非常幸福的保守者比民主派人士平均多了7.5%。在后面的章节，我便会解释幸福感如何能强有力地预言人们慈善捐献的倾向，进而教导下一代也乐善好施。②

为什么保守派比自由派更快乐？尽管他们每个人都知道与民主党势不两立的共和党的命运将会不可避免地发生彻底的改变，但是面对过去几年的国策，那些美国的保守主义者还是享受到了更多的快乐，他们或许期待2006年就能发生变化，相反我却有很多心情郁闷的自由派的朋友。再者说，我那些研究幸福和政治之间关系的数据是在2000年收集的，而那时掌控白宫的还是民

---

① 参见2002年的GSS；使用topit模型对子女数进行核实，以意识形态、宗教、婚姻状况、教育程度、年龄、收入和种族系数回归得到的子女数的衰减对政治观点影响甚微，但是这些系数对自由派的影响是消极的，而对保守派来说是积极的，真正对政治观点有重大影响的是宗教行为、年龄、教育和种族。

② 参见2002年的GSS。采用probit模型并以受访者自认"非常高兴"的可能性作为人口统计学和政治观点的向量参数。

主党。另外，很难想象执政党或在参议院占多数的政党会比少数情绪不稳定的政治活动家垄断更多的幸福。

而论其原因则又回到了家庭，保守派往往比民主派更欣赏传统、信奉宗教和稳定的家庭，而这些家庭给人们带来的是实实在在的幸福。有一点毫无争议，那就是在自由派当中，世俗论者和单亲家庭较为常见，保守派则不然。被左派称道的世俗人文主义（secular humanism）和摆脱婚姻的束缚即从结婚的义务中解脱出来已经成为自我解放（personal liberation）尤其是妇女解放的一部分，而许多自由主义者甚至都不会为此感到遗憾。相反，保守派则不懈地与这些趋势作斗争，其结果就是在保守派当中，这些现象较为鲜见。有理智的人都不会永远认定世俗主义和非婚生子的现象是坏事，但理智匮乏的人则认为，无论如何它们都不会有任何代价，而贫乏的幸福感及其对慈善事业的不良影响恰恰就是它们所要付出的代价中的两个。

有关儿童和慈善的证据对公共政策有着至关重要的意义。一个行之有效的方法就是家长把遗产留给孩子，而这种做法给孩子树立了一个捐赠行为的榜样。因为继承下来的金钱会激发继承人的慈善行为，所以遗产不仅仅是金钱的赠品，它也是一种手段，可以使继承人更慈善。那么对那个众说纷纭、充满争议的美国遗产税，这一切意味着什么呢？

有关遗产的税，也就是大家熟知的遗产税（estate tax）或有蔑视意义的"死亡税"（death tax），历来是有争议的。一些人支持它，因为在美国，这是一个极其便易的收入来源，例如据自由派的游说组织公平经济联盟（United for a Fair Economy, UFF）的估计，2003年征收的遗产税为美国财政部提供了200亿美元的收入，同时，这也为在政治上造成阶级冲突留下了伏笔，因为只有那些最富有的美国家庭才为自己的继承人留下庞大的遗产。许多经济学家都反对征收遗产税，它会影响储蓄，因此不利于长期的经济增长和投资。很多人也认为遗产税不合理，因为这是"双重征税"（double tax），这些钱本身就是税后所得，而传给继承人时又要再上一次税。就目前而言，自由派倾向维持或提高遗产税的税率，而保守派则更愿意降低税率或取消遗产税。①

因为有很多人为了避税而把可免税的款额捐赠给非营利的慈善组织，所以那些慈善机构也关注降低或停止征收遗产税的努力。那么，废除遗产税会对慈善事业造成多大的影响？有些人相信此举会带来很大的影响，例如据美国国会预算办公室（Congressional Budget Office）评估的估计，从2001年起，减少10%的遗产税率会直接造成慈善遗赠减少约4.2%。如果取消遗产税，会有怎样的后果？2004年慈善的遗赠接近198亿美元，鉴于2005年此税影响着大约58%的所有遗产税的收入，如果要把遗产税的税率从2006年最高的46%废除到零的话，慈善捐款每年就会损失大约80亿美元。②

所以，大部分的美国非营利机构一直反对取消或降低遗产税也就不足为奇了，然而有些隐情很难向大众公开，它的论点基本是这样的："我们支持遗产税，这样您和您的家人可以继续通过把遗赠捐给我们来避免遗产税。"这完全是一个利己主义的行为，就像一个自私的会计事务所可能支持一个毫无意义的复杂税务代码以确保自己为人们报税时可以获得更多的收益。

我在之前所说的将会损失80亿美元捐款的估计是自由派的观点，不少专家则认为善款的损失会非常低，甚至有人预言，如果废除遗产税，慈善捐赠反而会增加。一位研究财富跨代转移的著名专家认为："废除（遗产税）将导致更多国家和个人的经济增长，会使行善更多的是自愿的行为而非税收奖励（tax

---

① 参见公平经济协会（United for a Fair Economy）《有关遗产税的常见问题》（Frequently Asked Questions About the Estate Tax），http：//www.faireconomy.org/estatetax/ETFAQ.html（检索日：2006年4月11日）。
② 参见帕梅拉·格林（Pamela Greene）和罗伯特·麦克莱兰（Robert McClelland）《联邦遗产税政策对慈善捐款的影响》（The Effects of Federal Estate Tax Policy on Charitable Contributions），技术文件丛书（technical papers series），国会预算办公室（Congressional Budget Office），2001。

incentive）刺激的结果，而且会使许多美国人增加博爱的意识。"①

进一步来说，正如我们已经看到的那样，即使废除遗产税确实使捐赠逆向回落给继承人，这些继承人也会将其中大部分捐出。这一点对于目前从业的专业人士来讲很重要，因为研究家族财富跨代转移的学者预计，从现在到本世纪中叶，继承人们将获得超过 50 兆美元的遗产。如果废除遗产税，将使他们每年多捐赠大约 10 亿美元。②

另外，因为遗产税是一个收入再分配的主要方法，所以我们或许可以预测，遗产税支持者的捐赠数额有多少，对其的影响也就有多少。与反对遗产税的人相比，那些认为政府应该把父母留给子女的赠礼拿走一部分去做政府认为更重要的事情的人，其做善事的可能性更小。这个预测不仅基于这样的事实：支持强迫性收入再分配的政策会抑制私人捐赠，而且事实也证明，慈善和经济的自主权利正在相辅相成地强化着各种良好的道德品质。

慈善并不是一个堂而皇之反对取消遗产税的理由，然而恰恰相反，取消遗产税可以使父母通过遗产赠予给子女做出慈善的表率，当子女得到遗赠时，他们同时也得到了行善的机会；此外，遗产税剥夺了想把自己大部分早已上了税的勤劳所得赠给他人的自由权利。正如任何其他形式的强制收入再分配政策一样，这种对权利的剥夺不符合慈善事业原本的态度和行为准则，而且如果遗产税只是为了支付非营利组织的捐赠基数，那么这样的"慈善行为"也就等同于某种金融交易了。

目前为止，我们已经信心十足地确定了影响慈善行为的因

---

① 参见保罗·G. 舍维什（Paul G. Schervish）《没有遗产税慈善事业也能兴旺》（Philanthropy Can Thrive Without Estate Tax），《慈善纪事》（Chronicle of Philanthropy），2001 年 1 月 11 日。

② 参见 2001 年的 PSID；约翰·J. 海文斯（John J. Havens）和保罗·G. 舍维什《百万富翁和千年纪：未来财富转移的全新期待和慈善鼎盛时期的展望》（Millionaires and the Millenium: New Estimates of the Forthcoming Wealth Transfer and the Prospects for a Golden Age of Philanthropy），波士顿大学社会福利研究所（Boston College Social Welfare Research Institute），1999 年 10 月 19 日。

素：宗教信仰、对政府经济运作的怀疑态度、工作和健康的家庭。我们对挖掘保守派比自由派更能亲力亲为地贡献慈善事业的真正原因又深了一步。

在进一步探讨美国政治的影响之前，我们需要回答两个问题，第一，这些因素是否也能解释其他国家的慈善差异？第二，为什么这些慈善差异至关重要？

第六章
欧洲大陆的趋势

> 信仰之海也曾一度
> 汪洋肆虐，贴着大地的涯岸，
> 如一条环抱全球的光辉腰带。
> 但现在我只听见
> 它那退潮的呼啸抑郁而悠长，
> 不断地退却，向拂动的
> 夜正退去，落向世界的广阔阴沉的边沿，
> 落向光赤赤的砾石。

——马修·阿诺德（Matthew Arnold）的《多佛尔海滩》（*Dover Beach*）（1867）①

2004年12月26日，印尼苏门答腊岛附近的印度洋海底发生了40年来最强烈的地震，里氏9级的地震在几分钟内引发了海啸，上百英里长的巨浪以500英里的时速向内陆推进，15分钟内，苏门答腊岛西部沿海地区全部被海水吞没，一些地区的整个村庄瞬间消逝，70%的居民遇难。一个半小时后，海浪到达泰国；两小时后波及斯里兰卡和印度；怪兽般的巨浪甚至肆虐了遥远的非洲东海岸。这场天灾带来的损失难以估量：悲剧发生后的3个月内，11个国家的30多万人死亡或失踪，成千上万的人失

---

① 参见马修·阿诺德（Matthew Arnold）《诗歌散文选集》（*Selected Poems and Prose*, London: J. M. Dent），1993。诗文翻译引自由译林出版社出版的，屠岸选译的《英国历代诗歌选》下册第141页。——译者注

去生计,数百万人无家可归。

虽然这场灾殃及了半个世界,但来自美国源源不断的援助数目也是巨大的,这种慷慨有可能使现代资本主义之父亚当·斯密(Adam Smith)都会感到震惊,在1759年出版的经典伦理名著《道德情操论》(The Theory of Moral Sentiments)中,他曾固执地认为,人们不会在意那些远在天边的人们。

> "让我们设想一下人口众多的中华帝国突然被地震毁灭,再让我们想象一个与之没有任何联系但富有同情心的欧洲人,在听到这个灾难后又会如何?如果他明天会失去小手指,他今晚一定会睡不着觉,但假如他听到的是他从未看到即没有见到的死于地震的中国人,他仍然会安然无事地呼呼大睡,他对远方涉及上亿人的毁灭性灾难的兴趣显然不抵发生在自己身上的一点微小的不幸。"[①]

电影导演梅尔·布鲁克斯(Mel Brooks)则更形象地演绎了亚当·斯密的观点:"悲剧,那就是我割破了手指头;而你跌入露天的下水道命归西天,这就是喜剧。"

然而世界各国以及个人都以空前的热情投入到这次赈灾活动中,受灾国的慈善组织收到了由政府、公司、基金会和个人捐赠的数以百万计美元的现金和物资。至2005年3月中旬,联合国赞助的世界粮食计划署(World Food Program)给灾民提供了超过2.5亿美元的援助;许多发达国家承诺提供同等或更多数量的援助,其中包括德国的6.74亿美元、澳大利亚的3.8亿美元、日本的5亿美元以及美国的3.50亿美元。[②]

在美国,大多数的援助来自于私人的捐赠,私人和政府援助

[①] 参见亚当·斯密(Adam Smith)《道德情操论》(The Theory of Moral Sentiments, Cambridge: Cambridge University Press), 2002, 第157页。

[②] 参见《援助幸存者》(Helping the Survivors),《经济学家》(Economist), 2005年1月8日。

的比例是 3∶1。灾难发生 6 个月后，美国人的善款和赠品就已经超过 15 亿美元；至 2005 年 3 月中旬，仅美国红十字协会（American Red Cross）为海啸所募集的私人捐款就已经接近 4 亿美元；天主教救济服务会（Catholic Relief Services）收到了近 1 亿美元的捐款；而乐施会美国分会（Oxfam America）获赠了 3000 万美元。美国的私人捐款如此之多以至于造成许多慈善组织行善的瓶颈，例如，无国界医生组织（Doctors Without Borders）因为没有能力接受和处理这些捐款，以至于在灾情发生仅仅两个星期后，就宣布停止接纳此项捐赠。①

尽管如此，美国依然被人指责缺乏援助的力度，美国和欧洲的许多批评家在对布什政府的批评中都提到，那些最为慷慨的政府，例如德国，承诺了近美国政府捐赠两倍的援助。全国自由慈善委员会（NCRP）的执行官则视此为总统个人的慈善失败，"布什总统在经历了长时间令人尴尬的沉默之后，才对那些遭受了当代最大的自然灾害的遇难者和幸存者表示出一些个人关注，……与那些小国以及那些并不富裕的国家的承诺相比，美国政府的援助承诺显得那么苍白无力。"②

虽然最著名的批评来自于联合国紧急救援事务协调员让·埃格兰（Jan Egeland），他在接受采访时称美国的救援努力是"吝啬小气的"，但对指责美国是自私自利的老调极为敏感的美国领导人还是刻薄地回击了埃格兰。布什总统指出，埃格兰是"被错误的信息误导了，而且消息闭塞"，而时任美国国务卿的科林·鲍威尔（Colin Powell）也对此做出了回应："美国不是一个

---

① 印第安纳慈善中心已经对海啸援助进行了记录，参见 http://www.philanthropy.iupui.edu/；参见雷切尔·E. 西尔曼（Rachel Emma Silverman）和伊丽莎白·伯恩斯坦（Elizabeth Bernstein）《援助机构的新挑战：钱太多》（New Challenge for Aid Groups: Lots of Money），《华尔街日报》（*Wall Street Journal*），2005 年 1 月 4 日。

② 参见里奇·科恩（Rick Cohen）《海啸中的海啸：慈善和政治对灾难的反应》（The Tsunami Tsunami: The Charitable and Political Response to the Disaster），《非营利季刊》（*Nonprofit Quarterly*），2004 年第 11 卷第 4 期。

吝啬的国家，我们是世界上最大的国际救援国。"①

但埃格兰的言论被人错误地引述和误解了。他当时的陈述是这样的："至少圣诞节应该提醒许多西方国家，国家已经这么富有，但如果很多国家的对外援助只是其国民总收入的0.1%或0.2%，我认为确实很吝啬。"事实上，此话并非指责美国对海啸援助不力，他只不过间接重复了欧洲对美国官方对外援助现状的一贯不满：美国给予的国际援助不及国民生产总值的0.7%。

这个"0.7%"的数字源于何处呢？1992年，世界各国的代表在联合国通过了一项行动计划，他们将其称之为《21世纪议程》（Agenda 21）。这项计划要求那些最发达的国家，包括西欧的许多国家和美国，将其GDP的0.7%用于政府性的对外援助。不久，《21世纪议程》就成了国际新闻界和世界领袖敲打美国的一根大棒，虽然美国至今依然是世界上最大的援助国，但美国的对外援助预算至今为止只是0.7%的一小部分。从那时至今的十多年中，美国未能达到0.7%的这个无可辩驳的事实被作为各种评论批判美国是自私的国家的依据，引用任期到2003年的英国国际发展部大臣克莱尔·肖特（Clare Short）的话来说，美国因未能达到0.7%的援助目标，而"背弃了需要它的世界"。②

这类批评有其自身的问题，它没有考虑到美国高比例的私人慈善捐赠。美国大众的人道主义援助由于政府的直接外援不足而被低估了多少呢？美国国际开发署（United States Agency for International Development）认为这个数目非常惊人，它在2002年的一份报告中毫不留情地回击了欧洲对美国慈善捐献的围攻。确实，美国的官方发展援助（ODA）大约只有100亿美元，只是

---

① 参见杰弗逊·莫利（Jefferson Morley）《美国吝啬吗？》（Is America Stingy?），《华盛顿邮报》（*Washington Post*），2005年4月4日。
② 参见《美国"背弃"了穷人》（U. S. "turning its back" on poverty），《BBC每日新闻》（*BBC News*），2001年11月20日，http://news.bbc.co.uk/1/hi/ukpolitics/1666626.stm（检索日：2006年4月20日）。

国民生产总值的 1/10,不过每年伴随着这个数额而来的还有 130 亿美元其他类型的政府援助,以及大约 500 亿美元的私人捐款,它们来自于基金会、宗教团体、志愿团体、大学、企业和个人。总而言之,美国国际援助总计达到了国民生产总值的 0.5%,人均大约为 200 美元。①

此外,美国对外的私人援助只占美国私人捐献总数的一小部分,大约只是美国慈善捐献的 2%,更多的善款被用于美国国内的教育、卫生、公共事业、环境保护、艺术和宗教。那么欧洲人为何固执己见、一如既往地指责美国缺乏慷慨度呢?原因之一就是私人层面的捐献对他们来说是一个陌生的概念。

欧洲的私人慈善机构很少,以至于很难找到与其有关的信息,而且当今很少有人愿意研究与之相关的主题,有关欧洲私人捐款的最佳数据还是来自于 20 世纪 90 年代末期,但这些数据使我们确信,10 年来欧美慈善事业之间的巨大差距已经扩大,我会在后面讨论到具体的原因,很明显西欧的人均捐赠远不及美国的水平,与美国最接近的国家是西班牙,而它的平均个人捐赠还不到美国的一半,美国的人均捐赠是法国的 3.5 倍、德国的 7 倍、意大利的 14 倍。②

有趣的是,这个比较可能是不公平的,因为不同国家的人均收入相差很大而且商品的价格和服务收费也不尽相同。举例来讲,如果指望一个年均收入仅为 22000 美元的爱尔兰人可以达到一个收入超过他 50% 的美国人的捐献水平,恐怕是一个不客观的想法。但是当忽略人均收入后,结果也几乎没有发生任何改

---

① 参见美国国际援助署(U. S. Agency for International Aid, USAID)《以国家利益出发的外援:促进自由、安全与机会》(*Foreign Aid in the National Interest: Promoting Freedom, Security, and Opportunity*),2002;卡罗尔·C. 阿德尔曼(Carol C. Adelman)《对外援助的私有化:对国家慷慨的重新评估》(The Privatization of Foreign Aid: Reassessing National Largesse),《外交事务》(*Foreign Affairs*),2003 年第 82 卷第 6 期。

② 参见约翰·霍普金斯"非营利组织的全球比较研究项目"(Johns Hopkins Comparative Nonprofit Sector Project), http://www.jhu.edu/cnp(检索日:2006 年 5 月 17 日)。

变，即使在生活标准无差异的情况下，美国人捐给慈善机构的善款占收入的百分比也是荷兰人的2倍，几乎是法国人的3倍、德国人的5倍，而且是意大利人的10倍以上。①

实际上，美国人的捐赠水平和比例不只是高出西欧国家，世界其他的国家也都逊色于美国。当我们留意其他国家时，美国就会显得越来越好，而西欧各国则是越看越糟糕。1995年，坦桑尼亚人捐赠占收入的比例高出挪威人，肯尼亚人的捐献超过了奥地利人和德国人，而且几乎每一个非洲人、南美人、东欧人的捐赠都超过意大利人。②

那么时间上的奉献如何呢？美国与西欧相比，做志愿服务的意愿又如何？这方面的表现能否消除大西洋彼岸的慈善差距呢？

不能。从1998的调查数据来看，在为宗教、政治和慈善事业所做的志愿工作方面，美国人和西欧人依然存在着同样的差距。至于捐款，没有一个欧洲国家能达到美国的水准，事实上，大部分欧洲人都相差甚远。举例来说，美国人做志愿工作的比例比荷兰多15个百分点（51%：36%）、比瑞士多21个百分点、比德国多32个百分点，其中愿为任何慈善组织、教会或其他慈善事业做义工的德国人还不到其人口的1/5。这些志愿服务的差异并不能归结于平均教育水平或收入的差异，恰恰相反，假如两个人的年龄、性别、婚姻状况、受教育程度和实际收入基本相同，只是第一个人是欧洲人而第二个人是美国人，那么前者做志愿工作的可能性要远远低于后者。举例来说，一名表面上看起来与美国人无异的奥地利人要比美国人做义工的可能性低32个百分点，而同样的西班牙人和意大利人分别会低出31个百分点和29个百

---

① 参见（http：//web. worldbank. org/WBSITE/EXTERNAL/DATASTATISTICS/0，contentMDK：20535285 ~ menuPK：1192694 ~ pagePK：64133150 ~ piPK：64133175 ~ theSitePK：239419，00. html 检索日：2006年5月17日）。

② 在约翰·霍普金斯的数据中唯一可以与美国竞争的国家是以色列，它的人均捐赠较少，但调整收入后，则略高于美国。

分点。①

很显然，强加在美国人头上的吝啬帽子是站不住脚的，美国政府并不是唯一的捐赠者。当我们着眼于美国人民全部的慈善行为时就会发现，按照国际标准来讲，美国是一个极为慷慨的国家。

由于不同国家的人回答有关金钱问题的方式不同，所以在我最初分析这些美国人和欧洲人的比较数据时，相当谨慎小心。如果你问一个美国人，他或她的收入是多少，你得到的是一个年度的税前数字，而西班牙人会告诉你，他或她每月拿回家里的税后收入。显而易见，不同的人群会以不同的、不可类比的方式回答有关慈善的问题，也许在美国被我们认为是慈善捐助的事情，在其他国家，例如法国，却不以为然，因此我们在某些方面得到了这里慈善捐赠不足的假象。

我曾经请一些欧洲同事帮我核实过统计数据。访问俄罗斯时，我就把俄罗斯如此之低的志愿工作比例拿去请莫斯科大学的一位从事民意研究的教授过目，他看过后说：“不对，这不可能是正确的。”之后的话更使人出乎意料，"俄国人每年的实际义工率不可能达到这么高的百分比，因为俄罗斯人夸大了自己的慈善行为，你高估了俄罗斯人的志愿心"。而当我把有关捐赠和志愿服务的水平数据拿给其他欧洲国家的同事看时，也得到了同样的反应。②

但我这位俄罗斯朋友确实提到了两种在欧洲最常见的对大西洋彼岸慈善差距的解释。

---

① 参见1998年的国际社会调查协作项目（International Social Survey Programme, ISSP），这是一项对来自世界各地大约30个国家的1000名公民的年度调查，其中大约一半是西欧人。参与ISSP的大多数欧洲国家也在霍普金斯的调查数据之中，ISSP不包括比利时或芬兰，但包括塞浦路斯、北爱尔兰、瑞士、葡萄牙、丹麦和前东德。这个分析采集了16个欧洲国家和美国的数据，根据人口学的变量回归每个欧洲国家（把美国作为参照组）的志愿服务，这里引用的结果是通过probit模型产生的边缘效应。

② 这里所指的同事是我尊敬的朋友，莫斯科国立大学（Moscow State University）公共管理系的亚历山大·利夫申教授（Alexander Livshin）。

首先,许多欧洲人辩称,他们的高税率支撑了慷慨的社会福利制度,这些税收覆盖了大多数美国私人慈善机构所承担的支出,这是欧洲社会民意的产物,结论就是它并不逊色于美国的私人捐赠。此外还有许多人相信,在公共服务和救助贫困方面,政府比民间自愿的援助渠道更有效而且更加可靠。

这种说法本身就有一个技术问题:所有欧洲国家的平均税务负担并不比美国重。例如,英国家庭向政府缴纳的所得税平均为收入的10.8%,这一比例低于美国家庭的11.3%。[1]

尽管如此,社会支出的说法在欧洲各国依然是根深蒂固的。在与挪威中产阶级人士的谈话中,你能感觉到这一点,而且他们试图使那些怀疑者相信,高税率以及各种社会福利津贴的确是现代欧洲社会大多数民意中的一部分。这件事情本身就表明了美国自由派和欧洲人在收入再分配政策上的分歧,在美国,那些涉及再分配的观点通常得不到相关政策的支持,而且高水平的社会福利开支并不是美国大多数人民的共识。因此,虽然"通过政府的福利开支行善"在美国不能作为拒绝捐赠的合理的辩护理由,但在欧洲就有可能。

但是社会共识与全民意志是不一样的。毋庸置疑,强制性的税收政策违背了许多欧洲人的意愿,他们的逃税行为就是一个佐证。最近《华尔街日报》(*Wall Street Journal*)报道说:"大规模的逃税行为是欧洲的肮脏的小秘密。"另外许多估计表明,欧洲的地下经济(非法逃税的经济行为)几乎是美国的2倍。这并不意味着社会福利开支是一个不好的政策,只是并非出于许多欧洲人自愿的奉献,因此欧洲政府的开支不能被看做等同于私人捐献。[2]

我们常常从欧洲人那里听到的第二个看法是,美国人之所以

---

[1] 参见2003华盛顿特区经济合作与发展组织(OECD)发布的第42号报告《华盛顿经合组织》。
[2] 参见詹姆斯·斯普劳尔(James Sproule)《国际述评:为什么你的邻居付现金?》(International Commentary: Why Are Your Neighbors Paying in Cash?),《华尔街日报》(*Wall Street Journal*),2001年2月28日。

捐献得多，是由于美国的税收制度给慈善事业创立了许多刺激因素，美国联邦政府和州政府以低税收换取对应的慈善捐助，也就意味着，政府介入"慈善"的程度远远高于我们所看到的。根据这一论点，美国的私人慈善捐赠水平或许并不高出欧洲人很多。

这种说法是错误的。首先，美国人以减税为目的所捐出的钱只占所有个人捐款的20%左右，这远不能填补美国和欧洲国家之间平均捐款上的差距。举例来讲，即使我们忽略20%的这部分捐款，美国人的年均捐款仍是德国人的5.5倍；其次，许多欧洲国家都有类似于美国（或比美国更优惠）的税收政策；再者，这种说法只涉及金钱的捐赠，而欧洲非钱财性质的捐赠也同样远远低于美国；最后，美国的减税优惠所带来的捐赠并不是绝大多数的私人捐款的来源。

为什么欧洲那么自私无情呢？他们的原因与那些自私自利的美国人如出一辙，我们曾经看到过，那些没有宗教信仰的美国人相对来讲不太愿意投入到慈善活动中，他们认为收入再分配是政府的职责，而且他们受到了各种不稳定的家庭因素的影响。有充分的证据显示，这些因素的作用在欧洲比在美国更为强大，所以它们对慈善行为所起到的负面影响也比美国更大。

让我们首先从欧洲的宗教，更确切地说是欧洲缺乏宗教的现象谈起。如果用外交辞令来形容欧洲的宗教状态的话，今天的欧洲大陆应该是处于"后基督教时代"，欧洲人可能有过一些传统基督教的文化记忆，但现在已穷于实践，而且很多人毫不掩饰他们对宗教遗产的敌意，因此欧洲的慈善行为也备受其害。

最近，欧洲的一个主要智囊团的领导人在总结欧美之间的分歧时说："圣经中的政治观点，区分世界的善与恶，这些都是欧洲人不能轻易理解的事情，在我看来，我们不再是同一文明社会的一分子了。"按照法国前总统弗朗索瓦·密特朗（François Mitterand）的顾问所讲的那样，"欧洲人在捍卫世俗的世界观，它并不把近忧和远虑分开来考虑，而美国在超越命运的过程中，完全凭借圣经带来的自信弥补了自己的目光短浅以及即兴发挥的倾向"。①

欧美在文化上分道扬镳是不争的事实，尤其是对宗教信仰的态度。除了爱尔兰以外，每个欧洲国家的无宗教信仰或从未出席宗教活动的人口百分比都高于美国，每周去教堂的人口比例也低于美国，这些差别非常显著。例如 2002 年，一名英国公民完全世俗化的倾向是美国人的 3 倍（63%：19%），信奉宗教的人口只是美国的 1/3（13%：37%）；在荷兰，只有 9% 的人定期去教堂；法国是 7%；而挪威只有 4%。欧洲的世俗论者比美国的更咄咄逼人，忽视宗教是一回事，而公开蔑视它则完全是另外一回事。在这一点上，欧洲人远比美国人做得决绝，例如在 1998 年，40% 的瑞典人和 40% 的挪威人"非常赞同"这种论点："从世界范围来看，宗教带来了更多的冲突而非和平。"同样，28% 的意大利人和英国人有着强烈的反宗教观，相反，只有 8% 的美国人持有同样的观点。②

正像世俗主义对美国的影响一样，它直接导致了欧洲的低慈善率。在欧洲各国，信奉宗教的公民为慈善机构和慈善事业做义工的倾向是世俗论者的 2 倍，这种相关性很明显是与宗教信仰紧密相连的，而与其他因素无关。举例来讲，试想两位欧洲人，一个是典型的世俗论者，另一个是孤单的宗教信徒，他们的教育程度、收入、年龄、婚姻状况和性别完全相同，那个经常去教堂礼

---

① 亚当·G. 莫瑟里奥（Adam G. Mersereau）《伤亡的启示》（Casualties of Enlightenment），《国家评论》（National Review），2003 年 3 月 19 日，引用了巴黎策略研究基金会主任弗朗索瓦·埃斯伯格（François Heisbourg）的这段话；参见雷吉斯·德布雷（Regis DeBray）《法国的教训》（The French Lesson），《纽约时报》（New York Times），2003 年 2 月 23 日。

② 参见 2002 年和 1998 年的 ISSP。爱尔兰人（1998 年，有 63% 的人说自己每周都去教堂）似乎提供了与欧洲世俗化相反的一个生动的例子，然而更合理的解释是，爱尔兰只是尚未赶上其他欧洲国家的步伐。说明这个趋势的一种方法是按年龄段观察宗教参与者，成长于爱尔兰融入欧洲之前的 60 岁以上的老年人，他们参加教会的人口比例是 91%（美国有 49% 的 60 岁以上的老人会去教会）；41~50 岁之间的比例是 61%（美国对应的比例是 32%）；但二十几岁的爱尔兰人只有 31% 的人会去教会，与美国这一年龄段的 25% 相差不多。

拜的人比不信教的人每年做志愿者的可能性多了将近30%，每年为世俗机构做志愿工作的可能性多15%。这个差异在某些国家会更大，例如在1998年，73%的法国人是世俗论者，而信奉宗教的法国人做志愿工作的可能性比另一个条件相同的世俗论者高54%，为非宗教原因做义工的倾向性多25%。同样，一个英国的宗教信徒做义工的可能性比另一个条件完全相同的世俗论者多了43%，而出于非宗教原因做志愿者的可能性比后者则高出24%。[1]

欧洲人和世俗论者对慈善的共同影响是巨大的。试想两类教育程度、年龄、收入、性别、婚姻状况等完全相同的人，前者是法国的世俗者，后者则是信奉宗教的美国人，我们可以做出这样的预测，前者中只有27%的人去做义工，相比之下，后者中83%的人都会去这么做。[2]

如何解释欧洲如此之高的世俗主义？有人认为由于欧洲人经过了大约几百年与宗教有关的战争，因而对宗教产生了怀疑，其他人则认为它仅仅是源于欧洲人文知识分子的自我实现的预言，他们通常都认为有组织的宗教的没落是社会进步的标志。这个观点可以追溯到一个多世纪以前，而且当时欧洲中部的许多社会学理论都具有这个特点。卡尔·马克思（Karl Marx）有关宗教的名言就是"宗教是人民的鸦片"，并认为随着社会的进步，它注定要走向灭亡，而西格蒙德·弗洛伊德（Sigmund Freud）和奥古斯特·孔德（Auguste Comte）则把宗教视为精神病或迷信的表现。姑且不论何种原因使欧洲迅速世俗化，但这已经是一个无可置疑的事实，用罗马教皇本笃十六世（Pope Benedict XVI）的话来讲，"欧洲已经形成了一种文化，在某种意义上是人类前所未知的，它把上帝排除在公众的良知之外"。教皇无比悲哀地得出了这样的一个结论，但对于今天的许多欧洲人来讲，它是一个

---

[1] 评估数据来自于1998年的ISSP。
[2] 评估数据来自于1998年的ISSP。

重大的胜利。[1]

美国和欧洲同样是西方世界非常重要的一部分，那么在美国宗教为什么没有以类似的方式消亡？的确，就有关宗教活动的数据显示，在过去的两百年里，美国教会成员的人数比例从美国独立战争（American Revolution）时期人口的 17% 增加到南北战争（Civil War）时人口的 1/3，而今天，教会的人数大约是人口的 60%。其原因可能就是由于美国缺乏一个官方宗教，从而造就了一个充满竞争的精神市场，使得宗教与美国那些信徒不同的需求结合在一起。另外，与那些令人沮丧的欧洲的社会理论的控制力相比，美国乐观向上的态度可能有助于防止世俗主义的蔓延。不管何种原因，当今并没有迹象显示，美国的世俗主义具有像欧洲那样大的影响力并成为对政治和社会的威胁，至少目前还没有，美国的慈善机构可以为此而感谢上帝。[2]

一些专家认为，欧洲的世俗主义源于欧洲左翼政治而非信仰。1989 年苏联解体，资本主义顺理成章地取而代之，这对许多西欧知识分子来说是一个重大的打击，而美国对此负有不可推卸的责任，这也是造成欧洲的精英们对美国深恶痛绝的部分原因。但罗马教会在东欧解体上也发挥了重要作用，当时的罗马教皇约翰·保罗二世（Pope John Paul II）应对波兰人和其他东欧人反对他们的领导人的运动负有不可推卸的责任，因此许多欧洲的左派人士对天主教教皇产生了永久的敌意。

---

[1] 参见何塞·卡萨那瓦（José Casanova）《后基督教欧洲的天主教国家波兰》（Catholic Poland in Post-Christian Europe），*Tr@nsit online*，2003 年 11 月 25 日，http://www.iwm.at/index.php?option=com_content&task=view&id=239&Jtemid=415（检索日：2006 年 4 月 20 日）；J. H. H. 威勒（J. H. H. Weiler）《基督教的欧洲》（*Un'Europa Cristiana*，Milan：Biblioteca Universale Rizzoli），2003；Pope Benedict XVI《基督教和文化危机》（*Christianity and the Crisis of Cultures*，Fort Collin, Colo.：Ignatius Press），2005。

[2] 参见劳伦斯·R. 扬纳科内（Laurence R. Iannaccone）《宗教经济学简介》（Introduction to the Economics of Religion），《经济文献杂志》（*Journal of Economic Literature*），1998 年第 36 卷，第 1465~1496 页。教会成员通常多于每周列席人员，例如 1999 年，61% 的人自称属于教会成员，但只有 34% 的人说他们每周至少去一次教会。

左派持续不断的政治同情加上世俗主义是造成欧洲慈善较少的隐性因素。不久前，我正在莫斯科给俄罗斯的大学生讲授非营利组织管理原理，在对俄罗斯的低捐赠率和低义工率的数据做出分析后，请他们解释一下为何他们相信这个结果，他们马上做出回答并且毫无异议，其中的一位学生答道："我们的父母没有任何宗教信仰，而且认为政府应该满足我们所有的基本需求。"

除此类轶事之外，依然有许多经验数据可以证明同样的观点。记得以前曾经提到的，即使在收入、种族和教育水准等一系列个人情况完全相同的条件下，美国的收入再分配的支持者的捐赠水平远低于那些反对者。而欧洲人远比美国人热衷于经济再分配，当欧洲人和美国人同样面对"政府有责任减少收入不平等"的说法时，只有33%的美国人同意，这个比例远远低于任何一个欧洲国家。例如在西班牙，有77%的人支持更大程度的收入再分配，意大利是65%，德国是49%。收入再分配的支持率始终与国民的慈善意愿相关，所以在西班牙只有13%的人为非宗教慈善机构做义工，意大利的比率是11%，德国是10%。如果把22个东欧和西欧国家综合起来看，相信政府有责任减少收入不平等的人则会增加10%，这一结果直接造成了他们的非宗教性志愿工作意向下降6%、宗教性志愿工作比例下降5%。①

如何解释欧洲的这种高度的集体主义观点呢？首先，收入再分配是左翼政治的核心原则，而且欧洲人口中自认为在政治上是"左派"或是"极左派"的比例比美国高得多，因此那些欧洲的奉行集体主义的政党可以行使相当大的权力。大多数西欧国家中都有那些具有激进的再分配话语权的政党，例如在法国2002年的立法选举中，有6个托派或法国共产党的党派当选，这些党派至少分别取得了1%的国民选票，另外社会党赢得了近25%的选

---

① 1996年和1998年，当受访者面对ISSP的问题："政府有责任减少收入的不平等"，他们的回答选项分别是"坚决同意"、"同意"、"既不同意也不反对"、"不同意"、"极不同意"，而我所指的"同意"的人数比例指的是前两类。这个分析采用的是普通最小二乘模型，以1996年各国的平均捐赠水平回归得出1998年相应各国对收入再分配协议的平均数。

票，而法国的极左派，不包括被美国认为是"极左派"的社会党，总共获得了大约14%的选票。当然法国政坛也有极右势力的身影，最著名的是让-玛丽·勒庞（Jean-Marie Le Pen）领导的国民阵线，它在议会选举获得了11%的选票，而它在2002法国总统选举的第一轮中获得17%的选票。国民阵线同法国共产党一样，都反对资源的自由市场分配，而他们双方都从工厂的工人和失业者中找到了强有力的支持者。这一切都表明，2002年大多数的法国选民都明确支持强制性的收入再分配。这些数据统计与近期意大利、西班牙和其他大多数欧洲国家的选举结果极为相似。[1]

即便激进的左派不执掌政权，较温和的社会主义政党依然控制着大部分选民。在过去的50年里，许多西欧人一直都生活在社会主义和社会民主主义制度下。为什么美国鲜有这类政治运动呢？大幅篇章已经解释过，美国和欧洲虽在文化上明显相近，但在意识形态方面却截然不同。罗伯特·凯根（Robert Kagan）在总结上述差异时说："美国人来自火星，欧洲人来自金星，他们很少能取得一致，彼此间的了解越来越少。"[2]

无论哪种说法，这些欧洲的国家制度的确已经使中下层的人民习惯于向那些更富有的人群索取一部分所得，而且这是他们不可剥夺的权力。至于欧洲平衡收入的政策是否明智以及收入再分配的观点是否有益，人们将会一直争论下去。然而在这喋喋不休的背后，对收入再分配政策广为认同的意愿，就像它对美国的一部分人起到的作用，使欧洲私人慈善事业受到严重的损失。

---

[1] 参见德里克·杰佛斯（Derek Jeffers）和伊丽莎白·莎桂内蒂（Elisabeth Sanguinetti）《法国：勒庞右派实力大增》（France: Rightist Le Pen Gains Strength），*The Militant*，1996年第60卷第38期。

[2] 参见米凯尔·J. 索达罗（Micael J. Sodaro）《欧洲共产主义到底发生了什么事情?》（Whatever Happened to Eurocommunism?），《共产主义的问题》（*Problems of Communism*），1994年第33卷第4期，第59~65页；罗伯特·卡根（Robert Kagan）《权力和弱点》（Power and Weakness），《政策评论》（*Policy Review*），2002年第113卷第3期。

2005年,《华盛顿邮报》(Washington Post)的一位专栏作家写道:"众所周知,欧洲正在慢慢走向衰亡。"当时作者所指的只是欧洲的人口,而不是经济,即20年来,欧洲的低生育率正在不断地使其人口下降。按照目前的出生率,德国可能在2050年前失去相当于前东德的全部人口,西班牙的人口届时将缩减1/4;到本世纪中期,一半以上的意大利人将没有兄弟姐妹以及叔叔和姑姑。自二次大战结束后,每一个欧洲国家的人口出生率都已经降低到今天的地步,许多国家的下降速度很快,甚至当今没有任何一个欧盟国家的出生率可以接近其人口死亡率,只有回溯到7世纪前的黑色鼠疫时期,当时欧洲的人口下降率才是今天的水平。[1]

更替生育是指每年的死亡人数和出生人数对等,人口才得以保持相对平衡,发达国家的更替生育率是指大约每名妇女生2.1个孩子,而在2005年,这个数字刚好是美国妇女平均所生的子女人数。与之形成鲜明对比的是,欧盟的生育率是每名妇女生1.5个孩子,法国的生育率是1.8,英国为1.7,前天主教国家的意大利和西班牙则是1.3。目前德国的儿童出生率仅为1.4,而最新的数据显示,30%的德国妇女现在和将来都会保持无子女的状态。[2]

为什么有这么多的欧洲人拒绝生养子女?2000年联合国的政策文件将欧洲的结婚率下降、未婚同居和离婚率上升视为其罪

---

[1] 参见罗伯特·J. 塞缪尔森(Robert J. Samuelson)《欧洲的末日》(The End of Europe),《华盛顿邮报》(Washington Post),2005年6月15日;布来登·康威(Brendan Conway)《今日欧洲》(Europe Today),《华盛顿邮报》(Washington Post),2005年7月24日;乔治·维格(George Weigel)《立方体与大教堂》(The Cube and the Cathedral, New York: Basic Books),2005。

[2] 美国人口普查局人口司国际项目中心(U. S. Census, Population Division, International Programs Center)。2000年,欧盟人口出生率接近于非欧盟欧洲国家的妇女生育率1.64;参见联合国经济和社会事务部人口司帕特里克·费斯蒂(Patrick Festy)《绝望地看待欧洲人口统计?》(Looking for European Demography, Desperately?), http://www.un.org/esa/population/ publications/popdecline/festy.pdf(检索日:2006年5月1日);《生育低谷》(The Fertility Bust),《经济学家》(Economist),2006年2月9日。

魁祸首，这份文件指出，目前至少有90%的瑞典妇女未婚同居或干脆以同居代替婚姻，同时至少有40%的瑞典年轻人声称今后绝不会结婚。或许还应该关注一下这些，虽然2003年有53%的英国男子结婚，而到了2031年，英国男人的结婚率则会降到42%，大多数人将会选择同居或多重同居。①

现代欧洲人对待家庭生活的态度不只是不符合传统而是反传统的。2002年，55%的西班牙人认为生养子女的婚姻不是最佳的婚姻，与之相比只有19%的美国人这么认为。另外有81%的西班牙人认为，那些看起来不能解决婚姻问题的夫妇，离婚是最好的解决办法，而只有43%的美国人同意此观点。②

欧洲大量闲置的婴儿车不是什么新的新闻。1982年，德国小说家君特·格拉斯（Günter Grass）在《生育：还是让德国走向灭亡》（Headbirths: Or the Germans Are Dying Out）中描述了一对年轻的德国"典型夫妇"，他们情愿享受旅行，也不愿意被生育子女困扰，格拉斯用讽刺的口吻写到："他们养了一只猫。"③

鉴于欧洲人对生育子女的态度，慈善始于家庭的机会也就越来越少了，所以这种更为明确的决定即不生小孩的决定成为不帮助他人的部分原因。如同美国，有证据表明，那些无子女的欧洲人在慈善捐赠上同样逊色于有孩子的人。在有些国家里，养育子女对慈善捐赠起到的作用或强或弱，但总体来讲，它是积极的因素，而且独立于其他诸如收入和教育的因素之外。试想两对法国夫妇，他们的收入、年龄、教育程度和宗教信仰都相同，唯一不同的是，第一对夫妇有两个孩子，另外一对没有，那么前者去做志愿工作的意愿会比后者高33%。欧洲低慈善及志愿率背后的

---

① 参见帕特里克·费斯蒂（Patrick Festy）《绝望地看待欧洲人口统计？》（Looking for European Demography, Desperately?）；法新社（Agence France Presse）《英国濒于破裂的婚姻》（Marriage on the Rocks in Britain），2005年9月30。
② 资料来源：2002年的ISSP。
③ 参见君特·格拉斯 Günter Grass）《生育：还是让德国走向灭亡》（Headbirths: Or the Germans Are Dying Out, Fort Washington, Pa.：Harvest Books Reprints），1990。

部分原因就是人口萎缩。①

慈善事业受损并不是欧洲人口下滑所造成的唯一损失，目前欧洲人不生育子女带来的各种影响对经济而言也是一场灾难。欧洲已成为全世界老龄化比例最高的地区，15%的人口年龄在65岁以上，而且到2050年这个比例会增加一倍。欧洲摇摇欲坠的养老金制度，也就是被经济学家称为"现收现付"（pay as you go）的模式，意味着老板得用在职员工的一部分工资去支付退休人员的养老金。随着老龄化时代的来临以及没有足够的新工人支付退休者的养老金，这种制度的偿付能力几乎可以肯定必须在以下三种情形中做出选择：大幅度降低养老金，不可想象的高税率和自由移民。总之，欧洲的人口问题留给欧洲人的将是一系列痛苦的选择、经济问题，甚至是更低程度的慈善捐赠。②

对某些国家来讲，特别是西欧的发达国家，走向世俗化、中央集权下的经济制度以及形成低生育文化的趋势是自然的，也许也是不可避免的，甚至可能更符合民意。欧洲的社会福利制度有效地为这些国家的公民提供了经济帮助（至少是现在），美国那些穷人比欧洲的穷人更贫困是不争的事实，否认这个制度所带来的许多好处将是愚蠢的，正如美国多数人喜欢他们自己的社会制度一样，欧洲的百姓也颇为欣赏他们自己的制度。

但这些制度似乎并没有促进健康社会的长远发展，最明显的症状就是经济。我们已经讨论过欧洲的"生育低谷"对养老金制度的影响，但它所带来的经济弊病远不止这些。经济合作与发展组织（The Organisation for Economic Co-operation and Development, OECD）认为，从2000年到2004年，美国的实际经济增长高出欧盟约60%，而且经合组织的首席经济学家认为，在未

---

① 数据来自1998年的ISSP，以家庭人数和其他人口统计的参数用probit模型来获得每个回归量的边缘效应，每个额外家庭成员的边际效应为6%，所以两个孩子很有可能将志愿行为的可能性提高12个百分点，而志愿者占人口的比例为37%。
② 兰德公司（Rand Corporation）《人口骤降？低生育率和欧盟的政策反应》（Population Implosion? Low Fertility and Policy Responses in the European Union），《兰德研究简报》（*RAND Research Brief*）2004年编号RB-9126-EC。

来的 20 年里，美国公民的人均收入将是法国或德国的 2 倍。正如一家国际大型金融服务公司向客户介绍时所说的那样："即使是美国当年经济衰退时期的 GDP 增长率，对欧洲而言也算是一个惊人的数字。"而瑞典智囊团在 2004 年的报告中也指出，法国、意大利、英国和德国的人均生产总值都低于美国的 46 个州，撰写这份报告的作者同时指出，如果按照美国的标准，目前 40% 的瑞典家庭都是低收入家庭。[①]

欧洲的朋友曾经多次对我说过，与经济保障和轻度的不平等现象带来的高品质生活相比，人均收入和经济增长的差距看起来只是为此付出的一个很小的代价。换句话讲，一般来说，欧洲人可能比美国人穷一些，但他们会更幸福一些。然而，这些论调与许多事实并不相符，考虑到欧美人之间对主观幸福认知也就是自认幸福的差别，这些结论与事实不符。2002 年，当欧洲人和美国人在被问及"如果让你评价一下你的日常生活，你认为你的生活通常高兴或不高兴的程度如何"的时候，有 56% 的美国人回答"非常幸福"或"很幸福"，这个比例远远高于欧洲人，该百分比在西班牙和荷兰为 36%，法国为 35%，德国为 31%，而东欧的百分比就更低了。看来，许多欧洲人似乎缺少了某种东西。[②]

我确信，遗失的，或者说至少其中有一部分，是从捐赠、志愿服务以及养育儿女的现象中反映出来的个人慈善意识。下一章将给出有关这一说法的相应证据，我会说明为什么缺乏私人慈善的背后隐藏着相对的不幸福和欧洲令人失望的经济增长，以及美国也面临着同样的威胁。

[①] 参见华盛顿经合组织（Organization for Economic Co-operation and Development）《主要经济指标》（Main Economic Indicators），2005；法瑞德·杰克瑞（Fareed Zakaria）《欧洲的衰亡》（The Decline and Fall of Europe），《新闻周刊》（News Week），2006 年 2 月 20 日；Fulcrum 财务调查公司（Fulcrum Financial Inquiry）《欧洲的自我经济伤害》（Europe's Self-Inflicted Economic Injuries），http：//www.fulcruminquiry.com，2005；弗雷德里克·贝尔斯特姆（Fredrik Berstrom）和罗伯特·吉迪黑格（Robert Gidehag）《欧盟与美国》（EU Versus USA，Stockholm：Timbro），2004。

[②] 参见 2002 年的 ISSP。

第七章
慈善使你健康、幸福和富有

生命中最美好的补偿，是助人的同时也帮助了自己。

——拉尔夫·瓦尔多·爱默生（Ralph Waldo Emerson）

1905 年，美国亿万富豪和慈善家约翰·D. 洛克菲勒（John D. Rockefeller）曾经说过："上帝赐予我金钱。"这句话大概是人们最常见到的、引起歧义最多的引用语。因为他的商业运作或财富本身，有些人对洛克菲勒成见颇深，而对这些人来讲，"上帝赐予我金钱"听起来似乎是一个在当时的贫困年代拥有大量个人财富并享受奢华生活而且并不觉得自己有义务减轻他人贫困的人的无耻狡辩。然而，这种理解恰恰违背了洛克菲勒当时的本意，其原文是这样的：

> "上帝赐予我金钱。我相信，赚钱的能力是上帝赐予我的礼物，开发和利用这个能力来帮助别人。我相信，当我拥有了这份得天独厚的礼物之后，我有义务去赚钱、赚更多的钱并在我的良知指引下用这些钱去做善事。"[1]

洛克菲勒深信上帝之所以使他致富，是因为他可以成为一个替上帝关爱人类的仆人，事实上，他认为他所赚的钱并不属于他

---

[1] 参见彼得·科利尔（Peter Collier）和大卫·霍罗威茨（David Horowitz）《洛克菲勒回忆录》（*The Rockefellers, an American Dynasty*, New York: Holt, Rinehart and Winston），1976，第 48 页。

自己，而是属于上帝。因此他相信，如果自己不进行慈善捐赠或轻率地送出金钱，上帝会收回对他的慷慨。①

洛克菲勒在年轻的时候就有了拓展慈善事业的宏图，同时也建立了自己和慈善事业的关系。在 10 岁的时候，他以 7% 的利息借给邻居 50 美元钱，而使他惊讶的是年底收回了 53.5 美元。对他来说，利润的概念简直可以说就是奇迹，多年后他说道："从那时候起，我决心要让钱为我工作。"此后，他毕生利用他娴熟的投资技巧，成功地使自己成为世界上最富有的人之一。②

洛克菲勒的慈善捐献就像商业决策一样具有投资的性质，他显然认识到二者的回报是毫无区别的，他像一个有恒心的付什一税者那样不断地捐款。他的个人账户显示，在 16 岁之前即他还未拥有殷实的财富之前，他就已经以他特有的深思熟虑的方式持之以恒地为各类慈善机构和慈善事业捐款。同时他也是一位有才干、热心的募捐者，21 岁时的洛克菲勒就已经成功地筹集了 2000 美元（相当于今天的 45000 美元），用自己和他人的捐赠把自己归属的教堂从被业主驱逐的厄运中挽救了出来并保留住了这个教堂。

洛克菲勒在创建标准石油公司（Standard Oil Company）之后，财富快速膨胀，而此时的他却处在一个进退两难的境地：既希望继续捐献，但又担心所捐有限，并怀疑自己是否有足够的精力来应付慈善事业的具体问题。为了解决这一问题，他聘请了里德里克·T. 盖茨（Frederick T. Gates），正是此人建立了被洛克菲勒称之为"科学的慈善"的理念，它旨在使慈善捐赠产生最

---

① 参见索马·赫瓦（Soma Hewa）《新教伦理与洛克菲勒的善行：慈善事业里的宗教推动力》（The Protestant Ethic and Rockefeller Benevolence: The Religious Impulse in American Philanthropy）《社会行为理论期刊》（*Journal for the Theory of Social Behavior*），1997 年第 27 卷第 4 期，第 419~452 页。

② 参见索马·赫瓦（Soma Hewa）《新教伦理与洛克菲勒的善行：慈善事业里的宗教推动力》（The Protestant Ethic and Rockefeller Benevolence: The Religious Impulse in American Philanthropy）《社会行为理论期刊》（*Journal for the Theory of Social Behavior*），1997 年第 27 卷第 4 期，第 428 页。

大的影响，同时给其他人带来许多非常有益的机会，使之等同于用于社会公益的风险投资，而成立芝加哥大学就是洛克菲勒科学的慈善事业理念的一个例子。洛克菲勒认为，对那些最善良的、管理"上帝的金钱"的人们来讲，这种捐赠行为才是最负责任的行为，而且这种捐献方式一定会给捐献者带来源源不断的财富。

洛克菲勒把神学和资本主义合并起来的观点让人听起来似乎觉得有些古怪，但是对于大多数在上帝和金钱面前无忧的美国人来说，它代表着一种耐人寻味的假设：慈善事业和经济繁荣是相互关联的。没有经济繁荣，大规模的慈善捐献是不可能的；反之，没有持之以恒和负责任的慈善，经济繁荣也不会持续下去。按照洛克菲勒的假设，捐赠和收获是良性循环。

约翰·班扬（John Bunyan）的《天路历程》（Pilgrim's Progress）巧妙地总结了洛克菲勒的假设，当时那位长者诚实（Honest）让旅馆老板该犹（Gaius）解释这个谜语：

"话说有位老兄，人人说他发疯，
越把家财丢弃，越得更多收益。"

该犹是这样解释这个谜语的：

"凡是救苦济贫，凡是施舍穷人，
家财分文不少，反得十倍酬报。"[1]

如果该犹是正确的，那么慈善的益处不仅仅是体现在受助者身上，它也是使捐献者本人在金钱和非金融方面蒸蒸日上的一个

---

[1] 参见约翰·班洋（John Bunyan）《天路历程》（The Pilgrim's Progress），《哈佛经典》（The Harvard Classics，New York：P F. Collier and Son，1909 - 1914），第521~522页。谜语和解释详见陕西师范大学出版社出版的赵沛林、陈亚珂翻译的《天路历程》一书中的第353页。——译者注

非常重要的因素。这一论点使此书的争论性进一步升高。如果慈善造就经济繁荣，而自私引发贫困，那么对那些吝啬者、他们的社会甚至他们的国家而言，这些冷酷无情的力量是非常危险并具有腐蚀性的，它们造成的危害可能会超出我们的想象。

在你看来，洛克菲勒的假设是否是无稽之谈？但很多学者、哲学家和神学家不这么想。

过去10年来，对于"社会企业家精神"的研究表明，慈善行为带来了巨大的回报远远超过个人和企业的经济回报，而那些社会企业家也是捐赠者，他们的捐赠产生出极高的、无法用金钱度量的社会价值。举例来说，帮助贫困儿童预防疾病的改革计划所带来的价值，可以通过每年儿童的接种人数来计算，如果这些更为健康的孩子长大后成为有生产能力的劳动者，那么这种社会企业精神的行为就会有助于形成适合经济发展的社会和经济条件。这样的行为可能也会给赠予者带来极大的喜悦，并且使赠予者所居住的社区更加健康安定。这样一来，慈善事业带来的金融和非金融性的利益回赠给了行善者，同时也惠及了我们所有人。[1]

慈善捐赠也可以产生"社会资本"即社会不可缺少的信任感和社会凝聚力。最著名的有关社会资本的著作是罗伯特·普特南（Robert Putnam）的畅销书《独自打保龄球：美国社会的崩溃与复兴》，它详细地描述了社会资本如何使人们幸福、健康并使社会经济繁荣发展。诸如捐献和志愿工作这样的慈善行为加强了人与人之间的社会关系，普特南认为这些社会关系刺激了经济发展，他在书中引用了许多研究成果说明就业机会、商机和金融投资如何利用这些社会网络，而这些证据显示出来的社会资本和非金融利益之间的联系则更令人心悦诚服。普特南认为这方面的研究表明，这些社会网络的重要性等同于保健食品、运动和戒

---

[1] 参见阿瑟·C. 鲁克斯（Arthur C. Brooks）《社会企业家精神：创造社会价值的现代方法》(*Social Entrepreneurship: A Modern Approach to Social Value Creation*, N. J.: Prentice-Hal), 2007。

烟；鲜有社会关系的人在其他条件相同的情况下，他们的寿命要短于那些积极参与社交的人士，而且人们的社会关系越多，他们也就越幸福快乐。这一章的证据验证了普特南有关社会资本对健康社会重要性的主张，社会资本是捐赠行为使捐赠者致富的途径之一。①

但社会理论家乔治·吉尔德（George Gilder）对慈善事业和经济繁荣之间的关系有着不同的见解。吉尔德认为，市场行为本身就是一种"慈善行为"，而且他相信，一个人人慷慨相待的美好社会是以无保证回报的捐赠为基础，但在这个社会制度中，信仰可以产生回报。所以，就像传统农业社会，人们在需要的时候相互给予，同时也期望受益者将来能够报答。吉尔德指出，资本主义在这方面非常接近"美好社会"，在经济体制下，资本主义需要某些会产生良好效益的信仰，由于这些"捐赠"——投资的回报是不可预见的，信念就显得尤为重要。在吉尔德看来，慈善行为之所以促进经济繁荣，是由于二者都是源于同样的动机而且皆为同类型的行为。如果这种观点看起来有些奇特或偏激，那么我们留意一下这样的事实，那些投身于社会事业的人往往也都是商业企业家，其原因正如吉尔德强调的那样，这两类投资是非常相似的行为。②

更直观的经济论点来自于20世纪初的经济学家和社会学家索尔斯坦·凡勃伦（Thorstein Veblen），他认为慈善（及相关的宗教行为）鼓励人们勤奋上进："宗教生活的副产品，即与环境共融的感觉或体会生命过程的感觉，也可以说是慈善的推动力或

---

① 参见罗伯特·D. 帕特南（Robert D. Putnam）《独自打保龄球：美国社会的崩溃与复兴》（Bowling Alone: The Collapse and Revival of American Community, New York: Simon and Schuster），2000。普特南把慈善行为与其他类型的公民活动区分出来，如从事社区活动，因为后者是"参与"，前者是"为……而做"。尽管如此，他也指出了二者的相似性。

② 参见乔治·吉尔德（George Gilder）《资本主义的道德根源》（The Moral Sources of Capitalism），载《新保守主义基本读物》（The Essential Neoconservative Reader, Reading, Mass.: Addison-Wesley 1996），第155、157页。

社交的推动力,以一种强有力的方式使人们形成以经济为目的的思维习惯。"虽然存在着许多一目了然的可能性,但凡勃伦并没有明确地解释为什么会如此,比如,人们在花销后,例如捐献了很多慈善赠品,可能会更加努力地工作;或者人们为了将来有钱可捐而努力工作;或者可能是慈善和勤奋二者相辅相成。莎翁笔下的佩里克斯(Pericles)曾经告诫人们:"一种罪孽……会唤起另一种。"也许一种美德也会唤起另一种。①

一些社会学家相信,当人们行善时,他们会得到别人肯定的反应,慈善和繁荣的关系便由此而来。也就是说,我的慈善行为会让大家更喜欢我,因此他们会以各自的方式帮助我,所以慈善行为会使自己变得更好。更深奥的理论则认为慈善所带来的益处是源于行善者的自我转变,根据这一理论,做善事可以使自己在生活的各个方面都变得更加有效率,人们因此也会变得更快乐、更健康、更成功。心理学家会认为,作为捐赠者,也就是我所谓的提供帮助的给予者,并不是受难者,自己会因此而充满活力,生活的各个方面都会得到改善。②

慈善也可以通过提供生命意义来帮助捐赠者。心理学家维克多·E. 弗兰克尔(Victor E. Frankl)在他的经典著作《活出意义来》(*Man's Search for Meaning*)中将生命意义定义为人们努力奋斗的目标,并明确地把它与慈善联系在一起。弗兰克尔相信,捐赠是生命意义的源泉,也是自我启蒙的途径:

---

① 参见索尔斯坦·凡勃伦(Thorstein Veblen)《不遭非议的利益的幸存者》(Survivals of the Non-Invidious Interest),载《有闲阶级论:关于制度的经济研究》(*The Theory of the Leisure Class. An Economic Study of Institutions*, New York: The Macmillan Company),1899,第334页;威廉·莎士比亚(William Shakespeare)《泰尔亲王佩力克尔斯》(Pericles, Prince of Tyre),载《威廉·莎士比亚全集》(*The Complete Works of William Shakespeare*, London: Oxford University Press),1914,http://wwwbartleby.com/70/(检索日:2006年5月1日)。

② 参见 A. 班杜拉(A. Bandura)《自我效能》(Self-Efficacy),载《人类行为百科全书》(*Encyclopedia of Human Behavior*, New York: Academic Press),1994,第71~81页。

"人们总是会被自身以外的某人或某事所引领,也就是说为了完成一件事或帮助某个遇到的人。一个人越是在帮助和关爱他人时,越能忘记自我,也愈加卓显人性之美,进而实现自我……只有超越自我,才能有随之而来的自我实现。"①

弗兰克尔创建了意义治疗理论或被称为"意义为本的精神疗法",鼓励病人通过关注他们的生活意义以克服心理障碍,这个构想源于他被囚禁于奥斯威辛集中营(Auschwitz concentration camp)时对难友的观察,当时他注意到,那些幸免于难的难友往往心中有一个高于自我本身的生活目标,而正是这个东西激励他们并使其得以生存。战争结束后,他发现它同样适用于他所治疗的精神病患者,也就是讲,一旦他们献身于事业、行为或其他人,他们就会体验到更高的个人效率和个人价值。换而言之,慈善行为使人们能更有效率地做事,并能更好地在方方面面发挥作用。

总之,这些理论展示出使人能够充分理解且令人信服的论点,慈善可以对经济繁荣、国民收入、健康和幸福产生积极的影响,慈善捐赠是非常令人愉悦的事情,它不仅仅把帮助他人的力量赋予人们,而且使他们的生活充满意义,同时它也给人们提供了支持自己所关心的事业的动力,而政治制度不可能给予这样的动力,另外慈善捐赠可以把自己和其他有类似兴趣和激情的人联系在一起。与税收和收入再分配政策不同,慈善是个人的选择和主动的奉献,因此它是高度自我完善的行为。由于所有这些原因,捐赠者一定比那些不捐赠的人更快乐,而且可能比他们更健康、更富有。捐款使人们多了一个赚钱的理由,所以捐赠者自然会加倍努力工作,赚的钱一定会超过那些吝啬鬼。所以慈善行为会增加我们的幸福感、改善我们的健康和经济状况,甚至当我们

---

① 参见维克托·弗兰克尔(Victor Frankl)《活出意义来》(*Man's Search for Meaning*, New York: PocketBooks),1984,第133页。

的捐赠足够大的时候，我们的国民生产总值也会提高。

在这里我只是着重引用了一些社会学家解释慈善事业和经济繁荣之间可能的因果关系的几种说法，而忽略了很多人都会想到的那些显而易见的理由，其中之一就是宗教原因。帮助他人是每一个宗教传统的基本教义，《圣经》中的箴言篇这样说过："有施散的，却更增添；有吝惜过度的，反致穷乏。"① 为了避免我们认为这类说法只是为了奖励人们进入天堂，英国神学家马修·亨利（Matthew Henry）几乎没有为质疑留下一点空间。例如，他对这句箴言的阐释是："（上帝）保佑行善的那只手，因此使之成为可以获得成功的手。"

除了不断地接受上帝的仁爱，如果信徒们有意识或无意识地把慈善助人视为一项拯救自己灵魂的投资或为了因果报应以及来世，他们可能会从自己的慈善行为中获得世俗性的祝福，特别是获得幸福感。当许多人相信他们在按照上帝的意愿做事时，他们的内心可能也会有崇高的、内在的愉悦心情。

社会学的理论与神学都尽量使人们相信慈善行为可以促进经济繁荣，但在这本书里，只有理论是不够的，我们需要的是数据，它可以证明慈善不仅与金融和非金融的繁荣有着不可分割的联系，而且也是慈善造就了这些繁荣。这样的数据比比皆是，它们告诉我们洛克菲勒的假设是正确无误的。

从金钱上讲，毫无疑问，经济繁荣和慈善捐献之间存在着紧密的联系，我们知道所有收入阶层的美国人都很慷慨，尤其是贫穷的工薪阶层。然而，如果一个人的收入增加了，他捐款的金额和可能性也会大幅度增加，这一事实在中产阶层中体现得尤为明显。举例来说，2000年家庭平均收入在10万美元以上的美国家庭与家庭平均收入介于3万美元和5万美元之间的家庭相比，前者对慈善机构捐赠的可能性比后者多出10个百分点，而且前者捐赠所占收入的比例也较大。富裕的家庭更可能同时向世俗和宗教事业捐赠，而在志愿服务和其他非金钱方式的奉献上，他们的

---

① 参见《圣经》箴言篇中的11.24。

表现也是一样出色。

即使我们对那些可能会影响慈善和收入关系的因素加以调整，慈善和收入之间的这种相互影响的积极关系依然存在。举例来讲，试想两个人的教育、年龄、宗教、政见、性别和种族都一样，唯一的区别只是一个人每年都捐钱和做义工，而另一个人则不是，那么数据会告诉我们，那个乐于助人的人差不多每年平均会比那个无同情心的人多挣14000美元。[1]

这样看来，慈善与经济繁荣之间的关系是显而易见的，但最大的挑战是如何鉴别它们之间的因果关系，即如果经济繁荣和慈善事业兴衰与共，我们如何能分辨哪一个是因，哪一个是果？虽然洛克菲勒的假设认定是慈善促进了经济的繁荣，但有些传统学者则坚持认为收入始终是先决条件，即你必须先拥有，随之才可以帮助他人。从另一方面来讲，这两种说法也许都有道理，而且二者确实相互影响，但也许它们之间并不存在真正的联系，而一些外界因素，例如受教育的程度，对捐献和收入也起到同样的推动作用。我们如何理清这个关系呢？

对于个人慈善捐献，要找出慈善和收入之间真正的因果关系，如果这种关系确实存在的话，难点就是要先把那些不是来自于收入的捐赠区分出来，而后看看它是如何促进经济收入的。附录中有这个统计方法的详细解释，简单而言，假设我用 X 和 Y 代表两种现象，而且它们是相互关联的。我想知道的是与 X 和 Y 有关且只是从 X 到 Y（不可逆的）的部分关系。假如我能找到一个 Z，它能预测 X 的走向，但与 Y 无关，我用 Z 对 X 的值进行预测，将这个预测值称为 $\hat{X}$。如果我发现 $\hat{X}$ 与 Y 是相关的，$\hat{X}$ 不因 Y 的变化而改变，那么它就是 X 不依赖 Y 的真正结果。对我们来说，X 是捐钱，Y 是收入，Z 是志愿服务，而且我们已经发现，Z 与捐钱有关而与个人收入没有直接的关系。

在用这种方法测试它们之间的关系时，我们发现慈善推动收

---

[1] 资料来源：2000年的SCCBS，采用普通最小二乘法（OLS）估算捐献、志愿服务和其他人口统计资料对家庭收入的影响。

入,而收入增加也带动慈善捐款。你可能会说,金钱捐献和经济繁荣彼此互动并处于良性循环中。例如在 2000 年,假如在教育程度、年龄、种族和所有其他使捐款和收入增加的外界因素都一样的情况下,4.35 美元的额外收入会给慈善机构带来 1 美元的善捐,而这笔额外收入中的 3.75 美元就是由于捐款所得,同时,每 1 美元的额外收入会促生 14 美分的新捐款。所有这些都证明了,慈善具有良好的投资回报,而其回报远远优于绝大多数的股票和债券。[①]

这一发现有助于展现那些有工作、低收入、格外慷慨的人们也能转变为高收入阶层的秘密,这些人的捐款所占其收入的比例远远高出那些没有工作的同等收入者。而他们这样的表现以及其他的因素,例如良好的工作习惯和面对机会的态度,可能是使他们比无工作的穷人更容易在短时间内摆脱贫困的部分原因。

在高收入阶层,慈善行为是极为常见的事情,捐赠可能被视为有效的投资秘诀。而我们这些普通人要学习的东西也许就是,对平衡投资策略而言,捐赠是很重要的环节。

慈善捐献所带来的财政益处不仅仅体现在捐赠者本人身上,而且有证据显示捐赠甚至可以带动整体经济的攀升,我们可以通过观察家庭平均慈善捐款和人均国内生产总值随着时间的变化来证明这一观点。多年来,慈善捐款一直随国民生产总值的水平一起浮动,在扣除通货膨胀和人口变化的因素后,在过去的 50 年中,人均 GDP 增长了大约 150%,而人均慈善捐款也增长了约 190%。这两组数字本身并不能告诉我们这两股力量——GDP 和慈善捐款,哪一个占主导地位。要想弄清楚这个问题,我们需要观察一种力量的过去值是否影响另外一种力量的未来价值,举例来说,如果去年慈善捐款的增加可以预测今年 GDP 的增加,那么这种关系唯一的可能就是:慈善推动了 GDP。

[①] 这一结论源于两段最小二乘回归模拟法,以人口统计资料向量和慈善捐赠的拟合值回归得到收入值,此拟合值来自于以志愿时间和适当的人口统计资料而产生的捐赠衰减值。志愿时间符合这种方法的高质量标准,结果非常具体,举例来说,全信息的最大似然法 tobit 模型可得出 $3.89 的边缘效应。

我们的发现再次表明 GDP 和慈善捐献是相辅相成的：经济增长推动了慈善捐款，慈善捐献促进了经济增长。比如在 2004 年，每个美国人把 100 美元的额外收入中的 1.47 美元捐给了慈善机构，同时 1 美元的慈善捐款促生了超过 19 美元的收入。对国家来讲，全国慈善捐款 1% 的增长，约 19 亿美元，可以使 GDP 真正增加 360 亿美元。①

让我们比较一下慈善捐献对个人和国家收入的影响。当某人把 1 美元捐给慈善机构，这位捐赠者会得到一个不错的回报，而随之而来的国家收入也大幅度增加。像其他有益的公共服务，例如教育以及社会公德和诚实一样，慈善机构也具备巨大的"溢出效应"。为了使这一点看起来更生动些，我们可以假设美国的个人慈善捐款减少一半时，看看会产生哪些变化。这样的话，那些慈善组织、教会和其他事业每年得到的捐款将会减少 95 亿美元，也就意味着许多社会福利、卫生、教育、艺术、宗教、环保等不可或缺的社会服务就会消失，而且许多需求也得不到满足，然而更为甚者，我们可以预计，大约会有 1.8 兆亿美元将从国民收入中消失，几乎是美国 GDP 的 15%。

如果不是因为慈善事业，美国一定会比今天贫穷得多，无论穷人和富人都会受到影响，而且还会波及税收和政府支持的公共服务。当拉尔夫·纳德强调"更加公平的社会是一个不需要太多慈善行为的社会"的时候，他却对他的这一主张会给美国最脆弱的公民和我们其他人带来的困苦浑然不觉。

这也是其他国家可以借鉴的经验，但不可否认的是，慈善之外的其他因素也可以促进或抑制经济增长。努力工作的文化是一个特别明显的例子，它解释了为什么日本能繁荣富强，尽管日本愿意做义工的人只是美国的一半，而且家庭捐赠还不及美国的 1/5。同样不言而喻，这种文化也可以解释法国令人失望的经济增长，至少与法国人不尽心尽力的工作方式（法国有许多很短

---

① 这里讨论的数据来自不同年份的《美国统计摘要》(Statistical Abstract of the United States) 以及印第安纳大学慈善中心的历史捐赠数据。

的工作周、长假和多种方式的提前退休）和低慈善率有关。尽管如此，慈善依然是一个可以帮助或损害国家经济繁荣的重要因素，宏观经济学家和决策者同样应该对慈善予以密切的观注。[①]

慈善与经济增长之间的关系也可以作为对那些依赖政府救济的社区的警示，因为这些社区显然阻碍了经济发展的脚步。政治哲学家欧文·克里斯托（Irving Kristol）曾经断言："当前的那些福利计划不仅代价昂贵，而且它们对那些应该获益的人会产生许多不正当的后果。"随着自私无情的行为，福利本身可能会引发或者加剧社会和经济情形的恶化，这样会导致人们将需要帮助放在首位。[②]

我们已经知道信奉自由经济的人往往会成为最慈善的人，因为在他们眼中，机会和慈善具有相同的效力，而不是平等和慈善。让我们看看为什么会这样，既然慈善和成功之间存在着自然的互依互利的关系，因此我们不必惊讶那些慈善的人们在寻求机会而不追求强制性的平等，这些人认为自己处于捐赠与收获的良性循环中。

繁荣并非单指钱财方面。毕竟，我们从一出生就经常被教导"金钱买不到快乐"，而且大多数人一定会同意，对"繁荣"的生活而言，一个人的幸福和健康比金钱更重要。那么慈善、幸福和健康之间关联的证据是什么呢？[③]

[①] 参见约翰·霍普金斯非营利部门比较研究计划（Johns Hopkins Comparative Nonprofit Sector Project），http：//www.jhu.edu/cnp（检索日 2006 年 5 月 17 日）；1998 年的 ISSP。

[②] 参见欧文·克里斯托（Irving Kristol）《保守的福利国家》（A Conservative Welfare State），《华尔街街日报》（Wall Street Journal），1993 年 6 月 14 日。

[③] 感觉这里可能是混合的。众所周知，帮助他人尤其是帮助生病的家庭成员可能使自己的身心受到不良影响。例如，研究人员已经发现，那些主要负责照顾自家痴呆症患者的人，至少有 1/3 的人患有抑郁症。这种现象通常成为解释照顾他人而使自己患病的证据，尽管这种解释可能并不正确。最近对那些照顾严重残疾的亲属的志愿者的研究发现，是残疾人士的这种需要而不是照料本身导致了对照顾者的负面影响。参见安娜·A. 阿米尔哈尼扬（Anna A. Amirkhanyan）和道格拉斯·A. 沃尔夫（Douglas A. Wolf）《主要照顾者的压力和非照顾者的压力：探索精神病的各种途径》（Caregiver Stress and Noncaregiver Stress：Exploring the Pathways of Psychiatric Morbidity），《老年病学专家》（Gerentologist），2003 年第 43 卷第 6 期，第 817~827 页。

虽然大部分数据不能确定因果关系，但有事实表明，捐赠尤其是非金钱的捐赠会给捐赠者带来幸福和健康。一项针对美国人的调查表明，那些捐款的人认为自己"非常幸福"的比例比非捐赠者多43%，而后者感觉自己"一点也不幸福"的可能性是前者的3.5倍，这样看来，似乎人们"可以"通过对自己喜爱的慈善机构捐款购买幸福；同样，志愿者相应的这个比例也比非志愿者高42%。身体健康的调查结果也没有太大的区别，捐赠者认为他们的健康状况"极佳"或"非常好"的比例比非捐赠者多25%；与其相反，非捐赠者认为身体健康情况"糟糕"或"一般"的人数几乎是捐赠者的2倍。①

慷慨大度的人们之所以快乐和健康，并不只是源于收入和教育程度等其他可能激励慈善行为的因素，与慷慨大度的关系才是真实可靠的。关注这样的两个人，他们的宗教、年龄、收入、教育、性别、子女、婚姻状况和种族状况完全相同，但一个人每年至少做一次志愿工作，另一个则没有，一般来说，前者比后者会享有更多的幸福和更好的健康状况。具体地讲，做义工的那个人认为他或她"非常幸福"的可能性会比那个从不做义工的人多9个百分点，而身体"极佳"的比例会高4个百分点。②

其他形式的慈善行为同样也能带来幸福感和良好的身体状况。例如，有15%的美国人每年至少献一次血，这些人感觉自己非常幸福的可能性比非献血者高出27%，而认为身体状况极佳的比例也比那些非献血者高33%。但是仅靠这些数字还不能证明献血使人健康和幸福，因为身体不健康的人不会去献血，正

---

① 参见2000年的SCCBS；参见肯尼斯·E.乔温斯基（Kenneth E. Covinsky）等人编《病人和看护人员的性格特性与痴呆患者的看护者的忧郁有关》（Patient and Caregiver Characteristics Associated with Depression in Caregivers of Patients with Dementia），《普通内科杂志》（*Gerentologist*），2003年第18卷第12期，第1006~1014页。

② 参见2000年的SCCBS。这里的分析采用probit模型，应变量是"极其健康"和"非常幸福"，自变量是捐赠行为、志愿服务以及所列的人口统计特征。

因为这些人的健康状况不佳，所以他们也就不会感到快乐幸福，因此我们只关注那些身体极佳的人，这类人群大约占人口的1/3。假设两个身体健康的人，具有相同的收入、教育程度、年龄、性别、种族、宗教和政治观点，只是一个人是献血者，而另一个人不是，那么，前者认为他或她很幸福的可能性会比后者多9个百分点。①

许多对慈善事业和身体健康关系的研究都得出类似的结论，有些研究甚至认为，自愿精神和寿命也存在密切的联系。例如一些关注老年人的大型研究表明，在调查的那个年度，做义工的老人的死亡率比那些健康状况相同的同龄人低40%，而且研究人员普遍认为，并丝毫不觉得惊讶，受益最多的是那些也参加宗教活动的人。②

这种证据仍然只能告诉我们，慈善、幸福和身体健康是相互影响的，我们可否因此确定因果关系呢？这似乎比考证慈善与经济繁荣之间的因果关系更难，因为幸福健康是非常主观的意识，因此难以度量。有些人也许会惊讶地发现，许多心理学家用类似于药物测试的实验方法证实了捐赠行为确实使我们更健康、更幸福。

在一个著名的研究中，哈佛大学医学院（Harvard Medical School）的研究人员进行了一项实验，他们把132名多发性硬化症的患者分成两组，让其中一组的患者对另一组进行慈善帮助。研究者随后发现，与另一组接受帮助的人相比，施助的这组人体验到"他们的生活发生了惊人的变化"，他们的自信心、自我意

---

① 参见2002GSS。这一分析根据于probit模式，应变量是自我认为"非常幸福"的人数，且被调查人员的前提是身体健康，自变量是每年献血和所列的人口统计特征。
② 参见亚历克斯·H. 哈里斯（Alex H. Harris）和卡尔·E. 托勒森（Carl E. Thoresen）《志愿服务与延迟老年人死亡率的联系：对衰老纵向分析的研究》（Volunteering Is Associated with Delayed Mortality in Older People: Analysis of the Longitudinal Study of Aging），《健康心理学杂志》（Journal of Health Psychology）2005年第10卷第6期，第739~752页。

识和忧郁状况几乎改善了 3 至 7 倍。这些研究人员建议,应该把帮助他人的做法正式纳入到疾病康复治疗中。①

在另一项针对美国长老会成员的研究中,马萨诸塞大学医学院的研究人员发现,正式的志愿行为能使心理健康得到重大改善,而且施助者明显比受助者更可能获益。同时,他们还发现,一个人是否祈祷和踊跃地参加教会活动能预测他能否成为施助者。在接受对这项研究的采访时,领导这项研究的负责人用下面的一段话解释了他们的研究成果,"当你敞开心扉倾听他人和关心他人的时候,它改变了你对世界的看法,让你感到更幸福。"其他类似的研究也证明,在奉献了自己的时间之后,志愿者很快就会感到压抑得到缓解、体重得以控制、免疫系统改善、慢性疼痛减少、血压降低,并且消化不良、哮喘和关节炎等症状都得以缓解。此外,研究还发现,一个人越是多做志愿服务,就越受益。②

总之,幸福、健康、收入和慈善共存于自我完善的循环之中,那些幸福的、健康的、成功的、面向机遇的人最可能去捐款和做义工。同理,慈善的人更可能比吝啬者成为快乐、健康

---

① 参见卡罗琳·E. 施瓦茨(Carolyn E. Schwartz)和拉比·梅厄·森多尔(Rabbi Meir Sendor)《助人利己:互援间的相互效应》(Helping Others Helps Oneself: Response Shift Effects in Peer Support),《社会学与医学》(*Social Science and Medicine*),1999 年第 48 卷,第 1563~1575 页。在这项研究中,接受治疗的小组被分配去照顾其他有同样病情的人,为其提供"富有同情心的、无条件、主动的问候",也就是说,要求对照组作为有同情心的听众。

② 参见卡罗琳·施瓦茨等人编《利他主义的社会行为提升了心理健康》(Altruistic Social Interest Behaviors Are Associated with Better Mental Health),《心身医学》(*Psychosomatic Medicine*),2003 年第 65 卷,第 778~785 页;凯里·戈德堡(Carey Goldberg)《科学认为,要想拥有良好的健康最好去捐赠》(For Good Health, it is Better to Give, Science Suggests),《波士顿环球报》(*Boston Globe*),2003 年 11 月 28 日;艾伦·卢克斯(Allan Luks)和埃伦·佩恩(Ellen Payne)《做善事的康复力量:帮助他人带来的身心益处》(*The Healing Power of Doing Good: The Health and Spiritual Benefits of Helping Others*, New York: Fawcett Columbine),1991;保罗·皮索尔(Paul Pearsall)《快乐的处方:爱、工作和参与——生活的平衡》(*The Pleasure Prescription: To Love, to Work, to Play—Life in the Balance*, Calif.: Hunter House),1996。

和富有的人。诚然,富裕的人更可能为了慈善而捐款,但慈善也可以使他们发达,甚至更可能让他们做出其他更为慈善的捐赠。

看起来,慈善既有助于我们的经济发展又可以增强我们的健康并改善我们的幸福。但事实也表明,慈善也是能使我们身心自由的关键因素。

托克维尔在《论美国的民主》中曾经断言:"民间团体为政治家们铺平了道路。"他认为,美国的民主建立在公民参与的基础之上,也就是他们不仅仅把民意传达给当选的官员而且他们也使这些政治家对选民履行责任。参与社区团体、慈善机构及其他组织的活动也是积极主动的公民职责和权力,而这些组织既不是政府建立的也与工作无关,它们的基础是互信、平等意识以及公民间的相互依赖。[1]

1977年,经济学家彼得·L. 伯格(Peter L. Berger)和神学家理查德·约翰·纽豪斯(Richard John Neuhaus)合作出版了具有创时代意义的著作《赋予人民力量:从国家到社会》(*To Empower People: From State to Civil Society*),他们在书中把托克维尔的断言应用到20世纪后期的美国。他们主张,对社会重要性做出关键决策的最佳人选是人民而不是政府,而那些赋予人民这一能力的、介于国家及其公民之间的"中介机构"理应受到保护,并且在制定政策的过程中应该有它们的一席之地。这些中介结构有哪些呢?邻里、教堂、家庭和自愿协会等等都是,正像我们看到的那样,它们的作用之大不容忽视。他们警告说,除非政府立即改变方向,不然政府将取代教会在美国社会中的传统角色,"今天的危险不是教会或某一个教会将要接管国家,更为现实的危险是国家将会夺走教会的职能"。[2]

---

[1] 参见阿列克西·德·托克维尔(Alexis de Tocqueville)《论美国的民主》(*Democracy in America*, New York: Anchor Books), 1969。

[2] 参见彼得·L. 伯格(Peter L. Berger)和理查德·约翰·纽豪斯(Richard John Neuhaus)《赋予人民力量:从国家到社会》(*To Empower People: From State to Civil Society*, Washington, D. C. : AEI Press, 1996),第189页。

伯格和纽豪斯并不是主张摧毁政府，也没有发动反政府运动。正相反，他们只是期望政府能够与这些中介机构一起合作而不是反对它们，这样的话，我们的社会就会是一个更自由、更民主的社会。

在1977年，这些想法似乎看起来非常激进，因为当时美国的国家政策正在摆脱对私营机构的依赖，并逐步扩大社会福利使国家成为福利国家。当时白宫的主人是被称为最后一个"大政府总统"的吉米·卡特，而那时所谓的基督教右翼即新右派尚未完全成为有凝聚力的政治力量，还没有足够的能力倡导支持教会和社区的各种权利。公立学校的学生（包括我在内）被强行送上校车离开自己的社区以遵守那些官僚和法官制定的种族混合标准。

与今天的美国相比，这是多大的差别。过去30年政治思潮的改变是其他作家关心的主题，但伯格和纽豪斯的主张已经被温和的政治左派和右派所接受，而且他们那些一度十分激进的观点现在已经成为"主流"观点。如今大多数决策者都提倡利用那些"基于信仰的组织机构"来分担社会服务，而大部分学生又可以在自己社区的学校里上学了，同时政治家也都大声赞美信仰和家庭的美德。总之，社区、教会、家庭和志愿组织对美国有效的民主运行的重要性得到了全社会的认同。[1]

伯格和纽豪斯所说的中介机构是如何受到支持的呢？很大程度上是通过慈善行为，私人馈赠的金钱和时间为许多的美国教会、社区组织和非营利组织提供了最基本的保障。如果我们接受伯格和纽豪斯的观点，实际上它得到了越来越多的美国人的认可，那么我们必须达成这样的共识，即私人捐赠对保护我们的自由社会、展现我们的民主价值观是不可或缺的。

---

[1] 也许通过将这些机构纳入政府的管理工作中，我们已经重新定义了政府的意义，使我们接近托马斯·杰斐逊（Thomas Jefferson）的设想，即"让每一个公民在离他最近的办公室以及对他最感兴趣的议题担当政府成员的角色，这样就会使他对国家的独立性和共和宪法产生强烈的责任感"。

第七章 慈善使你健康、幸福和富有

　　大量的实证增加了支持这种说法的力度,即捐赠者比那些不捐献的人更可能积极参加政治活动。2000 年,捐款人或志愿者参加政治集会、加入政治团体或隶属于致力于政治改革的地方组织的可能性是那些从不行善的人的 2 倍。2004 年,在志愿协会的人群当中,参与公共事务的比例比那些不属于志愿团体的人多 16 个百分点,如果他们都有投票资格的话,前者参与每一次选举投票的比例比后者高 25 个百分点,与他们选出来的官员接触的比例也比后者多 26 个百分点。[①]

　　现实生活中的许多实例也提供了更多的证据来证实慈善如何增强公民的职责和权力。以纽约布鲁克林的红钩社区为例20 世纪 90 年代中期,它是纽约市最贫穷的社区之一,毒品和犯罪充斥了整个街区。但一起悲剧引发了变革,在一位颇受欢迎的学校校长被谋杀后,社会活动家、市政官员和决策者决定借助巨大的志愿力量改变红钩社区。其效果十分显著,经济形势和社区风貌焕然一新,自愿组织在街道巡逻、清理街道,并主持联谊会以改善警察和居民的关系,而许多居民成为参与其中的志愿者。[②]

　　2001 年 9 月 11 日上午,红钩区(东河的正面就是世界贸易中心)因恐怖分子袭击世贸双塔受到了严重的影响,红钩区的两个消防队失去了 12 名队员。悲剧发生后,居民们自告奋勇为救援人员和幸存者提供给养以应对这场悲剧。与几年前完全不同,他们的自愿精神使他们有机会展示自己是善良的公民。

　　在这部书的前半部分,我们仔细研究了现代生活中那些抑制慈善动力的趋势和压力,世俗主义、强制性的收入再分配政策、社会福利和家庭破裂等都是降低慈善捐款和志愿服务水平以及非

---

① 参见 2000 年的 SCCBS 和 2004 年马克斯韦尔的民意调查。
② 参见莱斯利·伦科夫斯基(Leslie Lenkowsky)《政府构建社区吗?国民服务计划的经验》(Can Government Build Community? Lessons from the National Service Program),载《时间和金钱的捐赠:慈善在美国社区的角色》(Gifts of Time and Money: The Role of Charity in Americas Communities, Lanham, Md.: Rowman and Littlefield),2005,第 11~31 页。

正式慈善行为的因素。正如我们熟知的那样，低水平慈善的后果就是无法对一些重要的事业给予足够的支持，以至于扶贫的资源贫乏、教会没有能力吸收新会员、社区团体为争取居民权益而推动的一些活动难以成功、人们在日常生活中受到的善良礼遇减少。毋庸置疑，当慈善受到抑制时，我们的社会也是贫困的。

但本章的事实非常具有说服力，有关捐赠和志愿服务的数据告诉我们，慈善行为不仅惠及了接纳者，也是捐献者自身事业发达、健康和幸福的重要因素，慈善还有助于美国整个国家的经济繁荣和民主自由。我们没有理由怀疑这一点也同样适用于其他国家，事实上，欧洲的低慈善捐赠率或许在某种程度上就能解释多数西欧国家缓慢的经济增长率。

有些人甚至不屑于这些理论和证据，固执地认为慈善可以带动经济繁荣，使人们心身健康、快乐、幸福以及促进良好的公民意识是违背常理的。我们当然可以从各个方面更深入地研究慈善与繁荣的关系，但这里的证据也说明，任何一位声称慈善并不能促进经济繁荣的人都有收集反证的责任。在我们没有看到明确的、可以说明情况并非如此的证据之前，我们每个人和国家都应该认同这种假设，即美国的慈善依赖于社会整体的繁荣，同样，我们的经济繁荣的确也仰仗着心甘情愿的捐赠。就像慈善行为是优异的个人投资一样，对我们的社区和国家来讲，也是如此。

如果慈善如此重要，我们能不能为了保证经济和社会效益，通过征税并把税收用于那些重要的社会项目呢？绝对不可以，这一定会起到适得其反的效果。众所周知（而且人们深有体会），这种纳税式的、强迫性的"捐赠"会减少人们工作的动机，也就是说如果不能保住挣来的钱，人们就会降低对工作的热情。这就是为什么当政府提高税率时，税收反而常常下降的原因。因此政府的收入再分配政策不仅降低了个人收入，也制约了经济增长，这种做法并不是政治观点的事情。况且我们都明白，它带来的后果是国家政策的代价，而且它也是试图平衡个人繁荣和收入平等的权宜之计，即使是自由派的经济学家也承认这是折衷方案。时任林登·B.约翰逊总统经济顾问委员会主席的亚瑟·奥肯（Arthur Okun）就曾经说过："这些富人的钱很可能通过有裂缝的容器才能到达穷人的手中，有些钱兴许就在传递过程中消失了，穷人得不到富人的所有捐款。"奥肯所指的不仅仅是政府官僚的浪费，他也清楚，收入再分配降低了人们赚钱的积极性。[①]

但私人慈善就像无缝隙的容器一样而且一劳永逸，在我们慷慨地捐赠的时候，我们会更富有，而我们所帮助的那些人和事业也都会得到改善。这就是为什么说那些抑制私人捐赠积极性的收入再分配政策以及用国家行为替代个人行为的政治意识形态是十分危险的，它们白白浪费了慷慨和生产力之间不可思议的、相辅相成的力量。有些人总会滔滔不绝地讲，政府基于税收的开支必然要对慈善机构不会资助的那些事情进行资助，这可能是正确的，但我们必须记住，税收对社区乃至整个国家会带来破坏性的后果，与之相比，慈善只有好处。

许多政治保守派认为左派的政见中存在着许多严重的文化弊病，症状之一就是我们常常听到的世俗主义，它在现代社会中缺乏意义；其他的则表现在对提高政府的收入再分配的水平的支持上，有人认为这些都是工作伦理薄弱和自力更生精神低落的产物。但是有没有这种可能，即世俗主义和收入再分配不只是社会弊病的症状，也是社会文化问题的起因呢？众所周知，这些力量对自愿性的慈善施加了很大的负面影响，而较低的慈善率会导致降低幸福感并影响身体健康，甚至可能使人们更加贫困。而击破文化消极的怪圈的有力方式可能就是抵制世俗主义和自以为是的政府所带来的各种影响，并鼓励更多的捐赠行为。

然而并不是只有保守政治派认为现代生活的各种状态产生了弊端，许多政治自由派的人士也指出，原始市场的种种力量逐步控制了我们的日常生活，而且他们还认为，奖励自相残杀的行为的做法助长了自私自利的行为。一本畅销书则认为，有些美国人

---

① 参见阿瑟·M. 奥肯（Arthur M. Okun）《平等与效率：重大的抉择》（*Equality and Efficiency: The Big Tradeoff*, Washington, D.C.: Brookings Institution Press），1975。

一心只想"获得成功",他们引发了许多自私自利、缺乏职业道德的行为,而在这些行为之后则隐藏着疯狂的资本主义,而近几年许多企业的丑闻就验证了这种资本主义的存在,例如安然公司(Enron Corporation)的崩溃。甚至有人认为在我们日常生活中也能经常见到它的身影,只是规模较小罢了。例如,学术界有许多人认为,由于学生知道就业市场的压力,为了自己能在大学里脱颖而出,学术作弊之风正在悄然兴起。也许温和一些的、不太以市场为导向的文化可能会形成使人相互诚实、仁爱的积极因素,或许这些就能产生幸福和繁荣的良性循环。[1]

不幸的是,尽管争论的双方也许都同意美国文化有它的阴影,但各自的解决方案却是泾渭分明的。右派的建议是,为了广大的家庭和社区可以繁荣发展,我们需要更多的自由,尤其是经济自由,并且要减少政府的干涉。左派通常主张政府更多地参与经济运作以减少对"残酷的资本主义"的奖励、平衡人均资源并提供更多的公共产品和服务。有些自由派的经济学家认为,解决美国文化弊病的方法在于提高所得税的税率,尤其可以抑制那些无价值的消费性开支。对保守派来讲,新的税法和收入再分配的政策会不断地把我们从已经饱受的痛苦中推向它的深渊。本书没有对这些争论给出明确的答案,但是我们可以说,慈善是可以解决那些双方都认可的社会问题的行之有效的解决方法,而且总的来讲,加大政府在经济生活中的力度无助于慈善事业。[2]

什么是"正确的"可以鼓励大规模慈善捐赠的国家政策?更重要的是,什么才是对待家庭和社区的正确态度和行为?在这一点上,读者可能对这个问题有许多自己的答案,我在最后一章会给出自己的答案。

---

[1] 参见大卫·卡拉汉(David Callahan)《作弊文化》(*The Cheating Culture*, Orlando, Fla.: Harcourt),2004。

[2] 参见罗伯特·H. 弗兰克(Robert H. Frank)《奢侈的狂热:无节制时代的金钱和幸福》(*Luxury Fever: Money and Happiness in an Era of Excess*, Princeton University Press),2000。

第八章
未来之路

　　每个人必须决定是希望生活在有创造性的利他主义的光明里,还是躲在有破坏性的自私自利的阴暗中,这是一个决断。生命中时刻萦绕在心中的最紧要的问题就是"你正在为他人做什么?"

　　——小马丁·路德·金博士(Dr. Martin Luther King Jr.)

　　这是美国著名艺人 W. C. 菲尔兹(W. C. Fields)临终前的故事,当医院会客室的外面传来报童带着哭腔的叫卖声:"华、华、华尔街日报!华、华、华尔街日报!股票市场价格下跌!"他被这个雪中的贫困儿童打动了,对那些聚集在他床边的人讲:"外面那个吃不饱的穷孩子,肯定也没有什么合适的衣服,必须得为他们做些什么,必须得做点儿什么。"但思索了一会儿,接着又说:"再想想,还是让他们见鬼去吧!"[①]

　　显然菲尔兹的话不能代表慈善的美国人,但他是否说出了那些自私的美国人的心声呢?

　　我不这么认为。我相信大部分那些从来不捐献和不做义工的美国人都不会整天有这种让那些不幸的人"见鬼去吧"的想法,相反,他们自己并没有意识到,许多使捐赠变得越来越困难的政

[①] 1996年4月15日散文家、文化批评家约瑟夫·爱泼斯坦(Joseph Epstein)在美国企业研究所布拉德利系列演讲会(American Enterprise Institute Bradley Lecture)上讲的故事。

治和文化习俗操控了他们,而且他们还误以为自己很慈善,这种误解是很危险的。此外,他们不知道私人捐献对他们的事业乃至美国的成功是如此的重要,而且也不知道为什么私人慈善没有任何的替代品。

因此最后一章的问题就是:我们必须做些什么才能缩小自私的美国以及壮大慈善的美国。

让我们从本书最大的主题之一——政府开始。我们已经再三地看到了政府的作用是如何抑制慈善行为的,虽然有些人认为政府为了增进经济平等而采取收入重新分配的政策是非常有益和重要的,但政府的这种能力取代了一些人自愿捐赠的个人责任,而对那些非营利机构发放的各种财政补助改变了捐赠者的动机从而"挤出"了私人捐赠。

可是任何上述的效应并不能完全归咎于政府。在美国,人们是自由的,而且是我们自己决定是否捐赠,所以"挤出效应"很难成为个人自私行为的借口。尽管如此,各级政府也应该消除被人们完全曲解的政府的含义,即如果私人慈善下降,各级政府要么资助那些非营利组织,要么采取收入再分配的政策,政府必须在借助税收来支付某些公共服务和随之带来的降低私人慈善行为的负面影响之间找到平衡点,决策者起码要认识到,某些政策削弱了私人捐献而且对社区和国家造成了负面的影响。

有时政府不是以"排挤效应"而是以更直接的方式制约那些慈善机构的,政府法规往往使慈善活动在开始的时候就难以或无法展开,美国非营利性机构流传着许多政府对慈善和民间活动设立障碍的故事,如繁琐苛刻的法律规定、惩罚性的强制性支出以及不能雇用很多义工。例如,旧金山一家私人戒毒康复诊所的经理就抱怨她的诊所"不得不跟每一个官僚机构作斗争",由于这家诊所依靠那些志愿者帮助患者,而不是州政府认证的辅导员、药物顾问和社会工作者,所以诊所很快就与政府的要求发生了冲突。对此经理十分有趣地表示说:"如果今天耶稣基督想开创基督教,他一定无法做到,因为(政府)会说:'你需要两名精神病专家、一名社工,还得有人签字批准。'"①

类似的故事也会发生在那些从没有管理过慈善组织的普通人身上。我给大家讲述一件自己亲身经历过的事情,2004年,我和妻子从中国的孤儿院领养了一个小女孩,任何一个跟中国政府打过交道的人恐怕都会认为中国那边的领养手续将是一个复杂而又官僚的程序。然而,真正让我们吃惊的是,可怕的繁文缛节竟然来自我们美国这边的各级政府。最差劲的是纽约州政府(其惩罚性税收和令人头疼的条例环境真是臭名昭著),它使我们在办理成打的领养文件中的每一步时都要承受很大的痛苦以及付出昂贵的费用。举例来讲,中国政府要求我的妻子和我出示无犯罪记录证明,这个证明可以从美国当地的警察机关得到,但该文件必须要得到纽约州政府的认证,然后由我们所在郡的有公正执照的单位给予公证,此公证的印章必须通过郡政府工作人员的确认,而郡办事员的印章则是由纽约的州务卿认证。在纽约州准备收养文件的过程中,公证、认证、签发及再公证至少耽误了6个月,在这段时间内,我们的女儿不得不坐在孤儿院里。很多人告诉过我,如果领养手续不那么困难和昂贵的话,他们也会领养孩子。如果说那些未被领养的儿童的生活方式是官僚机构的代价,这是否是一个夸张的说法?读者可以自行判断。

也许领养孤儿看起来是一个特例,让我们再看看一些更普通的事情。假如你住在新泽西州,想帮助一下自己孩子所在的少年棒球队,你会认为这件事情很简单,对不对?千万不要这么快下结论!首先,你必须符合新泽西州的"义务教练安全培训和训练技能的最低标准"才能保护自己免受起诉,你必须了解:

---

① 参见约翰·施托塞尔(John Stossel)《大政府抑制私人慈善》(Big Government Discourages Private Charity),《真实清晰的政治》(Real Clear Politics),2005年8月24日。当然从技术上讲,与旧金山戒毒所相比,耶稣基督遇到来自政府的麻烦会更多。

(a) 最低标准法规定的所有义务教练、管理人员和项目负责人，为了民事豁免权必须依照新泽西州 N. J. S. A. 2A：626 各款的法律规定，必须参加安全和技能培训的课程，课程内容必须包含面对一些特定人群的内容，例如年轻人、老年人、残疾人、初学者和需要技巧的运动员。

(b) 为了得到所提及的新泽西州 P. L. 1988，c. 87（NJ. S. A. 2A：62A 6 等等）民事豁免权的保护，义务体育教练、经理或官员必须至少参加3小时的安全和技能训练的培训课程，才能符合所述条款的最低标准。当地的文体部门、非营利组织和国家或州立的体育训练组织可能会提供这些课程，不管项目有多少人参加，这些标准适用于新泽西州所有的义务的体育项目。

(c) 任何提供安全和技能训练计划的机构必须遵守这些规定并给每个顺利完成培训计划的人出具证明。[1]

由此看来，这种志愿工作似乎并不是一个好想法。

那好吧，为什么不向你孩子所在的公立学校捐款呢？在一些地方，政府已经明示过，这种做法对那些没有得到你的捐赠的学校是不公平的。在俄勒冈州（Oregon）的波特兰市（Portland），你孩子的学校允许保留每年收到的第一笔 5000 美元的捐款，但是超出这个金额的捐款，学区会将其 1/3 作为税款收走。这样一来，你捐给学校的 1 美元的成本就是 1.50 美元，这基本上是一个消极的免税政策。在波特兰决策者的头脑中，学校平等比学校的资金更重要，这使我们又一次看到，自由和机会而不是平等才是慈善的姊妹。[2]

看起来似乎非常可笑也非常明显，政府不应该通过官僚规则

---

[1] 参见新泽西娱乐办公室（New Jersey Office of Recreation）的网站，http://www.state.nj.us/dca/rec/sport。

[2] 埃里克·布伦纳（Eric Brunner）和珍妮弗·伊马泽基（Jennifer Imazeki）《私人捐款和公立学校的资源》（Private Contributions and Public School Resources），加州圣地亚哥州立大学经济学系，2003 年工作论文编号 07-03。

和程序来压制慈善事业，然而，这种令人沮丧的情况依然不断地发生。决策者应当把确保其不再发生作为头等事情来抓。

政府不应压制慈善事业，但是否应采取积极措施来鼓励它？甚至为之而立法呢？许多决策者曾经试图这样做过，例如，罗德岛州就已经在其法律条文里规定，要求人们必须成为慈善的撒玛利亚人（Good Samaritan），并规定"任何一个身处紧急事件的人，如果知道另一个人处于危险之中或已遭受严重的身体伤害，他应该对这个处于危难中的人给予合理的援助"。明尼苏达州（Minnesota）、威斯康星州（Wisconsin）和佛蒙特州（Vermont）也都有类似的法规。[①]

最近许多公立学校的许多活动都已经要求学生做志愿服务工作，前新泽西州州长就曾经建议用"在被认可的社区志愿项目中所做的志愿工作"来代替一些州立高中毕业所要求的课程。许多学区在颁发毕业证书前，要求学生完成最低小时的社区服务，这一做法给"志愿服务"赋予了新的含义。[②]

对我而言，这类的法律和政策似乎是合理的，特别是像"慈善的撒玛利亚人"这一类的法律，但是它们能否像慈善行为那样带来金融和非金融的利益就不得而知了，我怀疑它们做不到。东欧的同事曾经用一个有趣的例子来告诉我为什么不会如此，在前苏联时代，一些东欧国家要求其公民为国家做一定数量的"志愿服务"，例如清扫公园、维护公共场所等等，志愿服务在这些国家中成了受国家压迫和藐视的象征。我深信，美国的那些意在鼓励或要求志愿精神的项目不会造成这种极端的影响，尽管如此，这个教训还是值得借鉴的。

有人建议，出于好心的、老式的、可以使人自感羞愧的方法是另外一种好方式，政府可以将其用来鼓励慈善捐助。例如，某

---

① 1994年罗德岛通用法则（Rhode Island General Laws）§11-56-1。
② 参见T. E. 麦克柯洛（T. E. McCollough）《学校改革中的真相与道德规范》（*Truth and Ethics in School Reform*），华盛顿教育的发展和研究理事会（Council for Educational Development and Research），1992。

年公布的税务纪录显示前副总统阿尔·戈尔（Al Gore）只捐赠了他收入的 0.2%，仅相当于全国平均水平的 1/10。而一年后，他公开声明他的私人慈善捐赠增加到了收入的 6.8%。有人已经建议过，美国国税局（Internal Revenue Service）应该利用这个范例在普通人群中建立公开的"捐赠登记"，把人们捐赠所占收入的比例公布出来。虽然公开的名单将出于本人的自愿，但它仍将给位列其中的某些人，例如公众人物，造成巨大的社会压力，因此为了避免尴尬，他们的捐款情况一定会好于之前。[1]

这种做法十分有诱惑力，但也有问题。这样一来，原本热心的私人捐赠的决定掺杂了许多政府的因素，相应地，对慈善行为带给捐赠者众多好处的影响也是不可预料的，而为了避免羞辱而不情愿的捐献似乎很难产生使人更健康、更快乐、更富有、改善自我的效果。再者，如果存在一个可以显示人们捐赠动机的系统，毫无疑问，它将改变人们捐赠的模式。这种方法可能对美国联合劝募总会这种没有争议的慈善机构有益，但可能对那些有争议的组织不利，例如那些赞同或反对堕胎的组织，而且这将会把慈善行为贬为一个唯一的表现形式。

财政奖励是政府能够设法鼓励慈善行为的另一种手段。美国联邦政府和其他国家以及美国的许多州和市政当局规定，那些有资格的非营利机构可以免除企业税。它带来的好处就是不再对那些企业主进行利润分配，因此降低了在公共开销上追求最大利润的动机。免缴企业税相当于政府给了慈善机构大量的补贴，举例来说，营利性医院要为其收入交纳企业税，但天主教会所办的医院则不用。[2]

---

[1] 罗伯特·库特尔（Robert Cooter）和布莱恩·J. 布拉夫曼（Brian J. Broughman）《慈善、公布于众以及捐赠登记》（Charity, Publicity, and the Donation Registry），《经济学者论坛》（Economists' Voice），2005 年第 2 卷第 3 期。

[2] 埃莉诺·布朗（Eleanor Brown）和 AI·斯文斯基（Al Slivinski）《非营利组织与市场》（Nonprofit Organizations and the Market），载《非营利性机构部门：研究手册》（In the Nonprofit Sector: A Research Handbook，New Haven, Conn.: Yale University Press），即将出版。

但更大的补助是以对那些捐给慈善机构的捐赠予以免税的形式体现出来的。联邦政府和大多数州允许捐赠者把捐给有资格的慈善机构或慈善事业的金额从其应纳税收入的总数中扣除,这一做法意在以税务奖励来鼓励捐款,这就构成了一个庞大的政府"等额补助金"计划。如果我有慈善捐赠,当用逐项扣除法准备报税表时,可以从应上税的收入中扣除捐赠的数额。因此如果我的捐款是 100 美元而我的税率是 36%,政府实际上为了匹配 64 美元的捐款损失了 36 美元的税收,而这些来自于免税捐赠的"间接补贴"多达数十亿美元。据美国国税局的估计,2002 年,个人捐献以及免税的善款和实物赠品的总值超过 1400 亿美元(这个数字要小于私人捐赠的总数,其中大部分的捐赠并有免税的意图),这个数字也表明联邦政府每年损失或间接补贴了 400 亿美元,而许多州政府和市政当局的税收也受到了巨大的损失。[①]

对捐赠品抵减税额的确起到了促进捐赠的作用,因此它也是政府如何鼓励慈善行为的实例。不幸的是,这种激励政策并不适用于所有人,因为大多数低收入的家庭负担不起足够多的可免税的支出,免税款项对他们毫无意义,所以他们无法体会到它的好处。在那些收入位于前 20% 的家庭中,虽然有 80% 的家庭都选择这种逐项扣除式的抵税方法,但在收入倒数 20% 的家庭中,只有 20% 的家庭采用这种方式。而且即使低收入家庭采用逐项列记以获得捐赠品的免税,但美国税制的累进税率结构会使来自政府匹配的那部分资金要小于富裕家庭,因为穷人的税率非常低。举例来说,假如我的税率是 15%,那么政府对我的捐赠所负担的(匹配资金)就会比我的税率是 35% 时少一些。毫不奇

---

① 参见亚瑟・C. 布鲁克斯(Arthur C. Brooks)《寻找真正的大众艺术的支持》(In Search of True Public Arts Support),《公共预算与财政》(Public Budgeting & Finance),2004 年第 24 卷第 2 期,第 88~100 页;迈克尔・罗斯顿(Michael Rushton)和亚瑟・C. 布鲁克斯《非营利组织的政府基金》(Government Funding of Nonprofit Organizations),《非营利财务的综合理论》(An Integrated Theory of Nonprofit Finance,Lanham, Md.:Lexington Books)。

怪，对慈善捐赠的抵税奖励政策给那些富人赞助的非营利组织带来了巨大的好处，比如著名的卫生组织、私立大学和艺术团体。但与此同时，那些穷人赞助的组织，尤其是宗教组织，得到政府的间接支持就会少很多。事实上，如果教会的捐款人（49%的人享受了逐项扣除式的抵税优惠）和私立大学的捐款人（63%的人采用了逐项扣除式的抵税方式）享受到同样的税务奖励，那么略微增加的这部分税务奖励就会使教会和其他基于信仰的非营利组织少获得上百亿美元的捐赠。①

政府必须要重视对穷人以及他们所支持的慈善机构的这种偏差，可行的解决问题的方案可能包括，即使不选择逐项扣除式的抵税优惠，也允许对他的捐赠免税，或者为其建立另外一个使低减税额独立于收入水平之外的纳税制度，就像均一所得税一样，对每个人的捐赠都采用相同的税收抵免。另一种设想是给人们两种选择，或支付一定数额的税金给政府或接受同等捐赠数额的税收抵免。例如，假设你挣了25000美元，而联邦政府也采用1%的"上税或捐款"的政策，您就可以选择是缴纳250美元的税金还是捐给慈善机构250美元。②

多年来我对慈善经济学的研究几乎都集中在国家政策和政府对慈善的鼓励政策上，本章所涉及的只是冰山一角，以下是我自己对这个主题的全面看法：好的一面，政府确实尽其所能为鼓励慈善捐赠做了一些好事，像对赠物税额减扣这类的政策是明智合理的，但也不会因此造就大量的捐献人群。另一方面，政府也给慈善捐献设置了一些障碍从而使其遭受重大的损失。

我们自己能做些什么才能促进慈善事业呢？答案简单得有些

---

① 参见2001的PSID。在美国，不选择逐项扣减抵税的人依然可以采用标准减税法，但是这种方法并不能补偿他们的慈善捐款。参见亚瑟·C. 布鲁克斯（Arther C. Brooks）《为什么博物馆会胜过教堂》（Why Museums Trump Churches），《华尔街日报》（Wall Street Journal），2005年4月15日。

② 最后这个观点参见阿龙·S. 埃德林（Aaron S. Edlin）《选择慈善税：鼓励更多捐献的方式》（The Choose-you-Charity Tax: A Way to Incentivize Greater Giving)，《经济学者论坛》（Economists' Voice），2005年第2卷第3期。

可笑，就是捐更多、更多的钱，更多的时间以及多做些事情。其实更难的问题是如何使其他人也捐赠。

那就让我们从身边最亲近的人开始，我们知道有很多方法可以用于家庭的慈善教育，在本书里，我已经讨论过许多这方面的问题了。首先，我们自己的慈善捐赠行为给子女树立了榜样，孩子们确实会模仿去做，而且其他人也可能会效仿。其次，孩子在宗教环境中比较容易接受慈善教育，宗教对儿童慈善捐赠行为的影响非常深远，即使他们长大后离开父母甚至不再实践自己的信仰，这种影响依然存在。其三，对那些从小就被灌输"政府的责任"就是为他们和别人解决所有的问题的孩子以及那些自小就被家人告知帮助他人是自己的责任的孩子来讲，当他们成年后，前者个人慈善行为的倾向会低于后者。其四，政府的援助计划对私人捐献有破坏性的影响，甚至会造成依赖性循环并阻碍经济的流动性。最后，健康稳定的家庭生活是进行慈善教育的最佳环境中的一个重要组成部分。

我们在很大程度上能够控制自己子女的生活，但是对家人以外的人呢？有没有办法更广泛地传播慈善？这是一个复杂的问题，但也有一些关于这个建议的例子。

纽约市的非营利组织"共同零币"基金（Common Cents）就是一个成功的例子，这个组织"通过鼓励年青一代在青春期就成为社会活动家和合格的公民，致力于推进社会公正和机会平等"。尽管其宗旨听起来好像是这个组织在训练孩子们鼓动政府进行收入再分配，但是该组织的主要工作重点是让纽约的小朋友有机会从捐助者的角度去体验慈善捐赠。①

"共同零币"要求纽约公立学校的学生在家庭、朋友和邻居那里收集一美分的硬币，而且每个班的学生都要求接受"25袋的挑战"，即孩子们要将25个帆布袋装满（约合1000美元）一分钱硬币。达到了这个目标之后，学生们共同决定把钱捐给他们社区里的一个有意义的慈善项目，而在这个过程中，他们了解了

---

① 参见http：//www.kcommoncents.org。

自己社区的许多需求。"共同零币"的项目经理亚当·赛德尔（Adam Seidel）认为，这种亲身参与捐赠的体验对学生产生了真正的影响，通过这样的捐助行动，包括与受赠者的见面，孩子们真正实现了自己与所在的社区之间的"互动"。而且有证据表明该组织的计划成功地使孩子们的慈善心更加长久，例如，参与这个慈善项目的老师就说过，96%参与收集和分配金钱的学生提高了对社区需求的认知度，95%的孩子比以前更懂得自己贡献社会的价值，84%的学生"增强了慷慨的意识"。有意思的是，这项计划也使该组织的成年工作人员的个人行为更为慈善了。据赛德尔先生讲，与这些正在致力于改变世界的孩子们在一起，不禁让人自问"我在做什么？"总而言之，"共同零币"不仅为孩子和成人们做出慈善道德的选择提供了力量，也使他们能创造出为他人服务的机会。[1]

另有一个以成年人为目标的有趣项目，许多社区基金会（它们都是私营组织，把慈善基金放在特定的社区，以应当地之需）都已经制定了一些慈善计划以鼓励年轻的专业人士把慈善事业视为同自己的事业一样重要，而这些私营组织的工作是在特定的社区募集慈善基金而后再按需分配以满足当地社区的需求。举例来说，纽约中央社区基金会（The Central New York Community Foundation）的"慈善、参与和彰权益能的计划"（Philanthropy, Involvement, and Empowerment Project）创建于2004年，并吸引了15名来自商业公司和非营利机构的年轻主管，根据这个组织的共识，成立了一个公共的慈善基金以便捐助那些本地的非营利机构。该计划的组织者相信，通过给这些年轻的专业人士做慈善家的机会，就可以使他们养成慈善捐赠的习惯。[2]

"共同零币"和"纽约中央社区基金会"的独特之处在于，他们不仅着眼于慈善对受助者的利益，也关注慈善带给捐助人的

---

[1] 这些数据是来自于"共同零币"（Common Cents）提供给作者的一项国内调查。

[2] 参见 http://www.cnycf.org/pieproject/。

益处。遗憾的是，许多慈善团体只把捐赠视为简单的慈善行为而未看到其深远的意义，这一点需要改变。

时间和金钱的捐赠都是必不可少的。美国非营利性机构全部资金的20%是慈善捐款，其中16%（190亿美元）用于教育机构，如私立大学；20%（150亿美元）用于非营利性社会福利机构，如无家可归者的避难所和救济性质的免费餐厅；84%（670亿美元）的资金给了宗教组织，主要是教会。同样，1998年志愿者捐给教育机构的时间价值为230亿美元；社会福利机构的义工价值为210亿元；宗教团体的志愿时间价值为310亿美元。倘若没有这些私人捐献的时间和金钱（还不包括官方没有统计到的非正式的慈善捐赠），许多为教育、艺术、宗教和贫困救济提供服务的机构就不会存在了。[①]

慈善的价值并不局限于那些接受帮助的人。书中的证据表明，慈善不仅给行善者本人带来了巨大的益处，而且也惠及他们的家庭、社区和国家。大家都了解，慈善组织的价值在于为有需要的人提供帮助，可是被许多组织误解的是，谁是真正"贫穷需要帮助"的人，除了在食物、住房、教育方面需要帮助的人，那些需要捐赠以使自己充分获得幸福、健康和物质繁荣的人同样也是贫困需要帮助的人，也就是我们每一个人。

亚里士多德说过："捐钱是很容易的事，且每个有能力的人都可以做到，但决定给谁、给多少、给什么时间、什么理由以及如何给，则不在每个人的控制之下，也不是一件容易的事情。"几乎每个人在考虑慈善事业时都要面对这个问题，洛克菲勒解决这个问题的办法是雇用了一个睿智的经理来管理他的"科学的慈善事业"，而我们大多数人则完全要依靠有信誉的慈善机构妥善管理我们的捐赠，使其创造出我们寻求的社会价值。因此慈善

[①] 参见亚瑟·C. 布鲁克斯（Arthur C. Brooks）《影响私人慈善机构的公共政策》（The Effects of Public Policy on Private Charity），《行政管理与社会》（Administration & Society），2004年第36卷第2期，第166～185页；华盛顿特区独立部门《非营利机构年鉴简报》（The New Nonprofit Almanac in Brief），www.Lndependentsector.org。

事业（主要指在美国和欧洲的那些非营利组织）在很大程度上对社会繁荣起到了决定性的作用，它们在那些需要帮助的人和那些愿意捐赠的人之间起到桥梁作用。我更进一步地认为：如果一个非营利性组织错失了一项捐赠，或忽视了私人捐款的筹集，就等于让人处于饥饿的状态。

但大多数的非营利组织懂得这个道理吗？显然不是！根据 2002 年美国有关非营利性社会福利组织的统计数据来看，大约 35000 个为穷人和残疾人等服务的慈善机构，它们每年只收到总数为 25000 元的捐赠，其中 19% 的机构没有收到任何捐赠，甚至他们中的 65% 完全没有用于筹款的开支。如果因此断言，美国大约 23000 个非营利性社会福利组织中的每一个都没有花费任何金钱去筹集资金也是不合理的，因为它们可能有一些可以接受的理由不去把资金用于筹款，比如它们可能不用任何花费就能得到很多捐赠。但情况肯定不会总是如此，那些在筹款募捐上有一定数量花费的机构比那些没有任何花费的机构收到的实际捐赠要多 25 个百分点，此外，那些努力募捐的非营利组织每年平均收到的捐赠是不进行资金筹集组织的 5 倍。①

这些不募捐的非营利机构如何支撑他们的组织？通常，它们的资金来自于政府。对大多数类型的非营利组织而言，在政府资助和私人捐赠之间显然存在着此增彼减的负关系，那些更多地依靠政府资金的非营利组织所获得的私人捐款往往要少于那些不太依赖政府的机构。这并不奇怪，正是政府的资金"挤走"了私人捐助。

最出色的慈善机构都清楚，它们的存在不只是为了它们的服务对象，而且也是为了它们的捐助者。LDS 基金会（Latter-day Saint Foundation）是一个致力于为摩门教徒提供慈善机会的组

---

① 参见亚瑟·C. 布鲁克斯（Arthur C. Brooks）《非营利组织寻求什么？而且为什么决策者要予以考虑？》（What Do Nonprofit Organizations Seek? (And Why Should Policymakers Care?)，《政策分析与管理期刊》（*Journal of Policy Analysis and Management*），2005 年第 3 期，第 543~558 页。

织，它的主管在阐述该基金会的使命时就曾经说过："我们的存在旨在帮助捐助者改变或挽救自己的生活。"那些从事于非营利市场和募捐的公司同样也意识到，慈善捐献为捐助者创造出了巨大的价值，尤其是那些一心想为社会"创造不同"的年轻捐献者，而它们所提倡的捐赠疗法就反映了这一点。西雅图的一家非营利性的营销公司 Merkle-Domain 对它的非营利代理商讲，年轻的捐赠者需要"了解"和"感受"他的捐献的确给社会带来了不同。满足捐助者的需要和欲望会增加他们的捐赠，就像在其他情况下一样，如果你给某人提供了更有价值的产品，他也得支付更高的价钱。按公司的话来说，"（这位捐助者）对他资助的机构提出了更多的需求希望得到更多的信息以及可以更多地参与机会，在要求满足后，他也会加以回报：更多的赠品、更高的忠诚度和更积极向上的潜能"。[1]

非营利机构所服务的社区和非营利组织本身都应该意识到筹款活动是一个有价值的活动，而远非"必要的罪恶"（necessary evil），这些机构在募捐时都应牢记这一点。千万不要把自己看作恳求者，或把捐赠只看成是从捐赠者到慈善组织的单向转移，非营利机构的主管应该把募捐视为是对每一个潜在的捐赠者馈赠了一个有价值的产品，它可以为他们带来幸福、健康和繁荣。

一般来讲，慈善机构的筹款期望从每 100 个从未捐献过的人中得到一人回应，但在这些初次捐献者中，有 20% 的人将会再次捐献；而在两次捐献的人群中，就会有 50% 的人再做第三次捐赠。由于这些慈善机构带给捐助者所需要的东西，因而他们迷恋上了自己喜爱的慈善机构，捐献不仅仅使他们自我感觉更好，事实上也使他们变得更好。许多的筹款研究表明，捐助者并不需

---

[1] 参见嘉莉·A. 摩尔（Carrie A. Moore）的《财富与信念：慈善家们捐赠的越多，他们享受其中的乐趣就越多》（Wealth & Faith: The More Philanthropists Give, the More They Enjoy Giving），《犹他新闻》（*Deseret News*），2003 年 5 月 3 日；杰夫·布鲁克斯（Jeff Brooks）《捐助者的动力：如何满足新一代的捐助者》（Donor Power: How to Meet the New Generation of Donors），《忠诚》（*Loyalty*），2004。

要杯子、T恤衫或圣经等这些纪念品，他们需要的只是好的理由和确凿的证据，使他们相信自己的捐赠的确是被需要以及被合理地使用，这些都有助于在捐赠者中释放慈善的转化能力。①

我们如何能够帮助慈善机构更加重视募款事宜呢？首先，各级政府不应该促使及引导对私人机构募款的忽视，然而它们恰恰每天都在这样做。相关的研究表明，非营利机构的管理者在接受政府资金时，他们的筹捐倾向就会降低，的确募款常常不允许使用政府资金，但政府也不应该使用这种方式压制筹款的努力，这么讲并不代表我认为各级政府应该终止对非营利组织的资助，相反，我建议政府对那些认真对待募款的私人慈善机构应该优先给予资金鼓励。如果这意味着那些资金丰厚的非营利组织会更加富有，因为筹款越得力的组织就越能够得到政府的资金，那也只好这样。②

作为捐助者，我们也应当承担一些慈善机构忽视募款集资的责任。当您收到要求慈善捐赠的信函时，这个组织是如何向你展示它的有效性的呢？尽管募捐的信在你的手上，但它最多也只能说明募款机构仅仅做了一点点的努力。一家知名的非营利性评估公司用数值给那些私营的非营利组织打分，筹款水平越高则分数越低，如果筹款的开销超过其全部收入的15%，这个组织所得的分数也就最低。这家公司致力于让人们对非营利组织的品质有更多的了解从而引导人们的捐献决定。因此，这个标准指导捐赠者把他们的资金更多地捐给那些在募捐上投入不大的组织。这个标准显然是错误的，诚然，慈善组织浪费钱财是不能接受的，但只花费微薄的时间和精力去筹集捐款也就意味着它在放弃那些其实可以用于它的使命上的收入，更进一步地讲，它也错过了可以

---

① 这些数据来自于私人所有的募捐数据；这些发现与其他同类的研究结果是一致的。
② 参见詹姆斯·安德烈奥尼（James Andreoni）和阿比盖尔·佩恩（Abigail Payne）《政府的拨款是否挤走了私人慈善机构的捐赠和筹款？》（Do Government Grants to Private Charities Crowd Out Giving or Fundraising?），《美国经济评论》（American Economic Review），2003年6月第93卷第3期。

帮助他人捐赠的机会。由此而言，以捐赠的方式来奖励那些忽视募款的组织是一种错误的做法。①

本书已经向我们揭示了，当代最大的政治假象之一，也就是真心地叫嚣美国的自由派比保守派更具有同情心的这个耳熟能详的陈词滥调，不仅是错误的而且对我们国家也是不利的。

让我们回顾一下有关慈善和政治的四大事实。首先，宗教造成巨大的"慈善差距"，即世俗论者在时间和金钱的奉献上要远远逊色于信奉宗教的人；宗教信徒在非正式捐献方面也同样慷慨，例如在献血、为家属捐款和诚信等方面，而且他们在政治上远远比世俗者更保守。其次，就像许多的自由主义者常常乐于倡导的那样，那些认为政府应该使人们的收入平等的人，其捐赠和义工的自愿性远低于持相反意见的人。其三，美国不富裕的工薪阶层，与其收入相比，这些拮据的人们都非常慷慨。但是那些接受国家救济、无工作的穷人的捐献水平极低。乐善好施的低薪阶层的穷人往往在政治上比无工作的穷人更为保守。其四，慈善捐赠在完整的家庭中是可以学习、提高和实践的，尤其是在那些信奉宗教的家庭。世俗主义和家庭破裂现象较少发生在保守主义者身上，更多的是自由主义者。以上这四个事实产生的影响就是保守派的行为普遍比自由派更为慈善的原因，二者善款的差距尤为突出。很多这样的差异大多源于宗教因素，但保守主义者也同样十分慷慨地为世俗慈善机构捐献金钱和时间。

上届参议员丹尼尔·帕特里克·莫尼汉（Daniel Patrick Moynihan）曾经说过，"保守主义的核心是文化而不是政治决定社会的成功，自由主义的主张是政治可以改变文化并拯救其自身。"从慈善那里可以学到的政治教训是什么？具体来说，既然我们都应该关心私人慈善，无论我们的政治观点如何，那么有关这方面的建设性的教训是什么？我们应如何重新思考我们对待慈

---

① 参见 http://www.charitynavigator.org/index.cfm/bay/content.view/catidl2/cpid/48.htm。

善事业的态度?[1]

首先，我们至少应该掌握一些有关慈善方面的事实。长久以来，自由派一直声称他们是美国社会最善良的国民，尽管他们通常对慈善机构的捐助相对较少，但他们依然痛责保守派在面对社会不公时的冷酷无情。这真是苦涩的嘲讽，但并不是每一个自由主义者都要承担所有的责任，由于保守派太注重过激的自由市场的言辞，从而阻碍了他们的陈述甚至自己都看不到这个明显的事实：保守派是慈善的。

自由派还可以做什么才能使他们声称自己是有同情心的说法更加可信呢？

首先，左翼人士应远离那些公开蔑视慈善行为、口无遮拦的激进派，拉尔夫·纳德公开宣称的"更为公正的社会是不需要太多慈善行为的社会"就是我听到的许多左翼人士在私下里所讲的话，而那些慈善的自由主义者必须挺身而出公开反对那些声称对自愿捐赠金钱和时间的行为应加以鄙视而非钦佩的人。

美国的自由派也必须承认，在关于收入不平等和再分配的问题上，他们是少数派。收入不均本身是可怕的这种观点是不合时宜的，而且也不利于慈善，有证据清晰地表明，包括贫困低薪阶层在内的大多数美国人更关心的是机会而不是强制性的平等。这里有一个事实：在堪萨斯州（Kansas），除非你是自由派的政客想在此拉选票，否则，其他的事情都好办。当收入平等是以自由和经济机会为代价的时候，它就不是主流的美国价值观。

收入再分配是民主党人的自由主义的核心准则，这就难以从根本上重新考虑那些再分配的政府计划。但民主党仍然可以进步，比尔·克林顿深深懂得长期依赖福利的后果，因而在1996年，他颇有胆识地采取了与党内那些强硬派固守的相反政策来改革美国的福利制度。从个人捐赠的立场来看，这代表着这些民主党人、穷人和慈善事业的进步，自由主义者们应以更现实的角度

---

[1] 参见格特鲁德·希默尔法尔布（Gertrude Himmelfarb）《一个国家，两种文化》（*One Nation, Two Cultures*, New York: Vintage），2001年。

看待政府的收入再分配政策所带来的负面影响，从而可以继续在此基础上取得更大的进展。

而自由派慈善的主要问题往往是他们轻率地相信政府可以对社会弊病施以最佳的、可以有效实施的解决方案。许多自由主义者常常认为许多问题，如贫困和犯罪等等都是社会问题，只有通过政府的手段才能有效地解决如此大规模的社会问题。反之，保守派通常把这些看成是个人和社区的问题。在这本书里，我不评判他们这些观点的合法性，但需要指出的是，自由派的这种主张通常不适合个人的慈善行为，它削弱了人们认为个人奉献的时间及财富可以有效地帮助解决社会问题的意识，从而使人们减少了私人的捐赠行为。自由派和保守派之间的差异并不是理论观点，调查数据的结果足以证明它是真实可靠的。

最后，自由派世俗论的崛起成为自由派慈善行为的障碍。在以宗教为本的美国，目前只有包括自由派自己在内的不到1/3的美国人认为民主党对宗教持友好态度，而半数以上的人相信共和党是这样，而且自20世纪70年代初以来，自称为"无宗教信仰"的民主党人士的百分比翻了4倍多。斯蒂芬·卡特（Stephen Carter）在《被统治者的异议》（The Dissent of the Governed）中对这些趋势所带来的影响做了很好的描述，书中描述了两个福音派的黑人妇女从自由派政治团体退出然后加入了保守的基督教组织，他的解释是"她们更喜欢敬重她们的信仰而非政治观点的团体，也不是尊重政治观点而忽视信仰的组织"。不难肯定，这两个信奉宗教、公民意识极为主动的妇女也一定是非常慈善的人士，如果打赌的话，这将是一个十拿九稳的赌注。[1]

有些民主派的人士意识到，美国的左翼对有组织的宗教的敌

---

[1] 参见佩尤公众与媒体研究中心（The Pew Research Center for the People and the Press）《宗教：两党的优劣》（Religion: A Strength and 'Weakness for Both Parties），http://www.peoplepress.org, 2005; 1972~1998年的GSS；斯蒂芬·卡特（Stephen Carter）《被统治者的异议：对法律、宗教和忠诚的沉思》（The Dissent of the Governed: A Meditation on Law, Religion, and Loyalty, Harvard University Press），1998。

意是一个重要的政治问题，但大多数试图解决这个问题的尝试似乎都是冷嘲热讽而毫无诚意，例如 2005 年夏天，加州大学伯克利分校就为自由派的政治家和激进分子活动家举办了名为"我不相信上帝，但我知道美国需要精神遗产"的研讨会。这种假借评价宗教的价值或用这类实用主义对待宗教的做法是对人们信仰的玷污，这既不会赢得选票也不能阻止那些信奉宗教的自由派人士变为政治右翼者，因为他们在那里可以找到真实的精神家园。在以宗教、慈善为本的国家，越来越多的自由主义者不知不觉地陷入世俗论而且远离慈善，不仅有害于美国，也会使那些民主党人走向自我毁灭。[1]

如果民主派人士坚持对政府的信任且厌恶宗教，那么民主党不仅将会成为世俗主义的政党，而且会变成一个冷酷无情的政党。如果维持现状的话，只会有为数不多的自由派选民响应帮助他人的慈善活动，而且在自由派的集团里，大肆反对慈善的观点会越来越被接受。我们或许可以预见，那些私人基金会、对慈善捐赠的税收优惠政策以及对贫困者提供帮助、为孩子们资助教育和其他服务的私营非营利组织（尤其是基于信仰的组织）都会遭到政治左派越来越多的攻击。

我不认为自由派慈善的缺乏是不可避免的，某些自由派人士，例如有宗教信仰的，格外慈善，这一点充分说明自由主义的社会价值观和个人慈善捐赠并不是势不两立的。而且像支持同性恋婚姻、反对美国的军事政策以及大多数其他自由主义的信念（除了为实现更大的收入平等的强制性收入再分配的主张之外）与是否捐赠和做义工、在公共汽车上让座或把多找的钱还给收银员等这些善行都不存在什么逻辑关系，这一点完全可以肯定。我所呼吁的并不是全盘否定自由派的核心价值观，自由派应该依然是自由派，而是有选择地否定那些使人吝啬的因素，我只是在要求那些自由主义者支持慈善事业。

---

[1] 参见约瑟夫·洛孔特（Joseph Loconte）《我的上帝离共和党更近》（Nearer, My God, to the G. O. P.），《纽约时报》（*New York Times*），2006 年 1 月 2 日。

美国的独特之处是什么？有没有一个基本的、独特的"美国式"的性格特征？一位著名的历史学家断言，就是大众消费主义，它造就了今天的美国，而且它也是世界对美国充满敌意的原因。另一个作者则把美国称为"上帝赐予的可以保证利润、荣耀和自由发展的地方"。①

这些描述也许是准确的，但没有一个能够捕捉到最突出的特点。美国的最不寻常之处并不是我们究竟生产了多少产品（世界上有许多富有的、最有生产力的国家）或消费了多少（如果可以的话，每个国家都会和我们一样），而是我们捐献了多少，美国是一个慈善的国度。

更确切地讲，美国应该差不多是一个慈善的国家。从外界来看，美国人的平均捐赠水平是无可比拟的，然而正如我们所知，我们的国家有一条鲜明的文化分界线。线的一方是以各种正式和非正式的方式行善的大多数公民，他们如此的慈善使美国的捐赠水平远远超过那些国际标准，而分界线的另一面，是一批为数可观的明显冷酷吝啬的少数人。我们已经确定了造成这两个群体如此不同的且有争议的原因：一方是宗教信徒，另一方是世俗论者；一种人支持政府收入再分配，另一种则持反对意见；一批人依赖工作，另一批则接受来自政府的资助；一类人具有牢固且完整的家庭，而另一类却没有。

如果慈善只是另外一种像礼仪修养那样的美德，那么本书最多也只是给读者带来一点儿"文化战争"的娱乐，而且我也不会这样写它。但慈善并不是一般的美德，它是提供各类服务不可或缺的保障，贯穿于美国的经济领域，无论是从宗教到扶贫还是环境保护。但除此之外，慈善更深远的意义在于，它也是我们繁荣、健康、幸福、民主和自由必不可少的组成部分。慈善的美国

---

① 参见莫里斯·伯曼（Morris Berman）《美国文化的曙光》（*The Twilight of American Culture*, New York: Norton），2001；托尼·亨德拉（Tony Hendra）《切尼的档案》（The Cheney Files），《美国展望》（*American Prospect*），2004年8月17日，http://www.prospect.org/web/page.ww？section＝root&name＝ViewWeb&articleID＝8365（检索日：2006年3月31日）。

会改善我们所有人的生活,而自私自利的美国人则会使我们所有人的处境更糟糕。

所以捍卫我们具备的、崇高的慈善捐赠传统并不断扩大捐赠者的队伍是符合所有人的利益的,当然也包括保守派和自由派以及信奉宗教和世俗主义的人们。当面对慈善时,不应该存在"两个美国",这也是我们今后面临的挑战。

附　录
慈善和自私的调查数据

　　这本书与其他任何一本以统计分析为基础寻求答案的书籍一样，本书的结论及其所依赖的数据和统计分析都是实用的和准确的。前面的章节里隐含了大量的数据和统计分析，而在主要的讨论过程中，我并没有过多地解释它们，读者可以在注释里看到对一些相关的过程特别是对建立统计模型的某些过程的解释，但出于简明扼要和阅读性的原因以及在本书的编辑和其他人的建议下，并没有对它们的细节做出非常细致的解释。附录涉及了我在这个研究项目中十分重视的10个数据库，然而并不是强求所有的读者都关注那些对信仰的分析，我会依次介绍它们，并向读者讲述如何使用它们以及如何获得书中那些令人醒目的结论。

　　这个附录远远达不到详尽解释的地步，不仅对我所描述的数据资料而且对我所概括的统计方法和程序都不能做到，如果对书中的每个数据来源都进行描述并解释每一个统计测试，那么附录的长短就会与这本书一样了，所以只能选择一些对构建此书的那些观点极其重要的数据概要和统计测试。

　　书中绝大部分的数据都来自过去10年中针对个人的调查，这些调查通常以人对人、电话或信函等方式询问一些问题，例如"你去年向慈善机构或慈善事业捐过钱吗？"由于它们通常所关注的对象是数目庞大的个体而不是群体组织，而且可以直接获得应答者的信息，所以这些调查对了解慈善行为提供了不可思议的数据资源，这一点对理解慈善行为特别重要，其中有三点原因。首先，这是唯一的一种可以获得有关非金钱捐赠信息的方式，例如像对家庭和朋友的那些非正式的志愿服务和捐赠可以说明美国人慈善性格的信息，而政府统计的有关正式的金钱捐赠的统计表就没有这类信息；其次，我们可以把人们捐赠的各种决定与它们的个人特性联系起来，例如他们的政治观点、宗教行为、对政府的态度、家庭环境以及其他的人口统计资料；最后，这些面向个体的调查不像"官方的"（政府的）数据那样忽略那些重要的人群，例如，如果仅仅依靠美国国税局（Internal Revenue Service）的慈善捐赠数据，那么我们只能了解那些人们上报的受益于课税减免的捐赠，如果真想试图理解美国的慈善，这样做肯定会脱离收入再分配的底部群体，就会采取不明智的分析步骤。

因此对那些研究学者来讲，尤其是我，这些由许多非常可靠、专业的公司收集到的调查数据简直就是恩赐，但它们依然不尽完美，尚有4个问题困扰着那些基于调查数据的分析。首先，询问问题的方式有时会使人们在回答问题时产生偏见，会导致有意的夸大或对身边现象的低估，假如我用下面的两种方式问及你的慈善捐赠：

（1）你是否同意政府具有照顾那些自己不能照料自己的人的基本责任？

（2）你对联邦政府的社会福利开支有何看法？是太少？正合适？还是过多？

这些问题暗示了类似的原则即政府的钱用于帮助那些在经济上需要援助的穷人，只是方式不同而已，前者所说的是必需，而后者就是钱。所以我们完全能够预料得到，以这样的形式去询问的话，我们确实可以发现，人们极其乐意赞同第一个问题，而对第二个问题的回答几乎都是"过多"。

调查数据带来的第二个问题是，许多人要么拒绝回答某一个问题，要么只回答"不知道"，如果某些人倾向这种回答方式而不是他们"不在乎捐赠"的回答，那么数据可能就不能反映出真实的情况。过去我已经发现，有关慈善的调查数据会受到这类问题的影响，特别是对收入、教育程度、种族和年龄这些问题的拒绝回答会使某些调查发生质变。①

我们常常遇到的第三个问题是，调查结果可能并不能代表整体，例如，有关阿拉巴马州的农民宗教行为的调查肯定不能代表全美国的现状，尽管许多调查不像这个调查那么明显，可它们还是不具有代表性的。我们也一定会被某些针对大灾难后捐赠的调查所困扰，比如像与"9·11"、2004年的大海啸或2005年卡特里娜（Katrina）飓风相关的捐赠，因为此时人们的捐赠倾向要远远高于平常的日子。

最后，只要调查问题涉及人们的"道德"，我们就不能不怀疑回答的准确性，人们很难承认自己不捐赠或不是志愿者，所以有些人就会做出与事实相反的肯定性的回答。

许多研究者和我一样会遇到这些问题，而仅依靠单一的数据库回答所有人的问题是不明智的，由于我刚刚说过的原因，使用单一的数据库对一个问题给出答案尤其轻率，所以出于这个原因，本书所收集的数据来自于多个数据库，而这些调查是在不同的时间对不同的人群以不同的方式询问同样的问题，尽管这些单独的调查和接受调查的群体可能会产生错误或偏见，但是大量的人群对某个题目的回答还是更可信一些。由于很多数据源带给我同样的结论，所以对书中的这些发现我还是非常有信心的。

当处理慈善和其他因素的关系时，经常遇到的问题是控制选择性的解释，在第一章，我曾经发现政治保守派的捐赠高过政治自由派，而它的诱惑力在于由此可以得出政治倾向是造成慈善差异的原因，但这个结论通常是错误的，正确的解释是有许多影响政治观点以及捐赠倾向的因素，这些因素才能准确地解释数据反映出来的政治与慈善的关系。

---

① 参见亚瑟·C. 布鲁克斯（Arthur C. Brooks）《在捐赠调查中"不知道"的回答的真正含义是什么?》（What Do 'Don't Know' Responses Really Mean in Giving Surveys?），《非营利和自愿组织季刊》（Nonprofit and Voluntary Sector Quarterly），2004年第33卷第3期，第423~434页。

统计学家们已经开发出了一系列可以从这些关系中得出结论的方法，也就是所谓的"回归分析"。许多读者会注意到，当确定两个变量之间的关系时，例如对参与宗教活动和捐赠，我通常会多做出一步并且从其他恒定的因素中分离出这个关系，而回归分析可以使我给出慈善和宗教之间的关系。书后的注释里面有书中采用的特殊的回归分析的技术细节，但我在附录里也会对一些重要的回归方法做详细的解释。

甚至在两个变量的关系之外，我们有时还会需要有关因果关系的准确信息。例如，我在第七章列举了许多证据以说明慈善行为与经济繁荣的关系，但许多问题随着哪个变量影响另一个而来，即经济增长刺激私人捐赠，捐赠促进经济发展，双方相互影响，还是二者没有任何关系？许多统计方法有助于解决因果关系的问题，而书中对繁荣和捐赠分析使用的那些方法的细节在附录中有所解释，同时你也可以在第七章的注释中找到相应的解释。

收入动态追踪研究
(The Panel Study of Income Dynamics)

收入动态人群追踪研究（The Panel Study of Income Dynamics, PSID）是一个可以用于了解捐赠和接受慈善格局的有价值的数据资源，这个年度性的国内追踪调查始于 1968 年而且几乎没有过间断。在 2001 年和 2003 年，印第安纳大学的慈善中心（Center on Philanthropy at Indiana University）率先提出了有关慈善行为的问题组件，这项调查向 7000 个不同的家庭组合询问许多问题，其中包括非劳动所得（如福利补助和来自慈善机构的赠物）和赠品的支出。PSID 特别有助于了解像贫困与福利改革这类问题，同时它又拥有数量众多的低收入应答者，所以非常适合理解穷人收入的不同类型对捐赠和志愿服务的影响，也就是第四章所探讨的主题。

第一章对美国志愿服务的许多分析数据都来自于 PSID。

第四章中关于福利受益者、贫困的工薪家庭和非福利接受家庭的捐赠信息都取之于 PSID。

第四章对那些在 2001 年和 2003 年接受福利和未接受福利的家庭的捐款和志愿服务的可能性进行了比较，这些对比数据与 2001 年与 2003 年的 PSID 调查中的家庭样本相一致。

表 1　2003 年美国的慈善志愿服务

	每个家庭的平均志愿时间（小时/年）	占所有志愿时间的百分比
所有的慈善机构和慈善事业	45.8	100.0
宗教机构	17.9	39.0
青年组织机构	13.4	29.3
老年福利机构	2.4	5.1
卫生组织	2.1	4.7
援助穷人的机构	3.2	6.9
政治组织或游说机构	1.6	3.4
其他的组织机构	5.3	11.6

注：N = 7699；数据来源：PSID。

表 2　2003 年贫困工薪家庭和福利家庭的慈善捐赠

	平均捐赠量（美元）	捐赠百分比	平均志愿时间（小时）	志愿服务百分比
福利家庭[a]	145	19	42	12
贫困的工薪家庭[b]	519	42	47	21

注：N = 1075；数据来源：PSID。
　　a：福利家庭指的是在 2003 年 PSID 调查中接受福利援助、有实际收入且位于收入最低的 20% 的那些家庭。
　　b：贫困的工薪家庭是那些在 2003 年 PSID 调查中有实际收入且位于收入最低的 20% 的家庭。

表 3　2003 年所有接受福利援助家庭与没有接受
任何福利援助家庭的捐赠

捐赠方式	没有接受福利家庭的捐赠百分比	接受福利家庭的捐赠百分比
宗教机构	30	15
协会组织（联合劝募协会等）	12	4
援助穷人的机构	18	6
卫生组织	10	4
教育机构	7	3
青年组织机构	6	2
艺术和文化机构	4	2
社区发展组织	3	2
环保组织	3	1
国际组织	2	1

注：$N = 7644$；数据来源：PSID。

表 4　2001 年和 2003 年的捐款、志愿服务与福利援助

	2001 年接受福利援助的家庭	2001 年没有接受福利援助的家庭
2003 年接受福利援助的家庭	捐款的比例（%）：20　志愿服务的比例（%）：9	捐款的比例（%）：27　志愿服务的比例（%）：15
2003 年没有接受福利援助的家庭	捐款的比例（%）：29　志愿服务的比例（%）：26	捐款的比例（%）：64　志愿服务的比例（%）：23

注：$N = 7420$；数据来源：PSID。

社会资本社区基准调查
（The Social Capital Community Benchmark Survey）

社会资本社区基准调查（The Social Capital Community Benchmark Survey, SCCBS）是一个主要用于衡量慈善行为和公民行为的重要的数据源，许多来自不同大学的研究学者与罗博公共意见研究中心（Roper Center for Public Opinion Research）和哈佛大学

肯尼迪政府学院（Harvard University's Kennedy School of Government）的仙人掌研究会（Saguaro Seminar：Civic Engagement in America Government）合作在2000年7月至2001年2月启动了SCCBS调查，这个调查的目的是对市民社会和慈善行为的各种假设进行实证。SCCBS调查涉及三种类型的问题，其一，个体对所属社区的态度；其二，向被调查者询问他们的"市民行为"，其中包括参与社区自发的各种活动，特别是是否对宗教和非宗教慈善团体捐过善款以及做过志愿服务，如果是的话，善款和志愿时间各为多少；其三，此项调查收集了每个人许多的社会人口统计学资料。这个数据有3000份资料，覆盖了29个州的41个社区，也可以说是一个全国范围的数据样本。

我在第二章探讨捐赠和宗教参与的关系所使用的数据几乎全部是SCCBS的调查数据。

第二章用SCCBS调查数据来评估宗教参与和其他因素对捐赠决定的孤立效应，并解释宗教信仰因素极其重要，同时也对政治观点加以了说明，即在二元模型下，自由派和保守派是不可区分的（测试的t—统计量均为1.26）；在连续模型中，保守派的慷慨程度只比自由派稍微高一点儿，但二者是可以区别的，（t—统计量是4.23）。

第二章也考虑了宗教信仰和政治观点的交叉影响。

表5　2000年信奉宗教的人与世俗论者的捐赠和志愿服务

	几乎每星期或经常参加宗教活动的人	每年几乎不参加宗教活动或没有宗教信仰的人
每年向慈善机构捐款的比例	91	66
每年参加自愿服务的比例	67	44
每年所捐的慈善赠品的价值	2210美元	642美元
志愿服务次数	12	5.8
每年向世俗慈善机构捐款的比例	71	61
每年为世俗事业做志愿服务的比例	60	39
每年为世俗慈善机构所捐的赠品的价值	532美元	467美元

注：N = 29233；数据来源：SCCBS。

表6　2000年影响捐赠和赠品价值的可能性的变量

变 量	因变量：回答者每年至少捐赠一次 Probit 系数（标准误差） ［边际值］（Marginal Value）	应变量：回答者每年捐赠赠品的价值 Tobit 系数（标准误差） ［边际值］（Marginal Value）
常　数	-0.493*（0.066）[-0.099]	-2506.22*（87.371） [-1832.121]
宗教者	0.384*（0.03）[0.077]	1130.4*（30.267）[826.355]
世俗论者	-0.656*（0.025）[-0.132]	-761.311*（32.777）[-556.542]
男　性	-0.053（0.022）[-0.011]	192.621*（26.2）[140.812]
已　婚	0.103*（0.024）[0.021]	168.617*（29.148）[123.264]
家庭规模	0.0018（0.0076）[0.0004]	21.6851（9.5235）[15.8525]
年　龄	0.0074*（0.0007）[0.0015]	15.8724*（0.8943）[11.6032]
家庭收入 （1000美元）	0.0108*（0.0005）[0.0022]	26.3097*（0.5147）[19.2332]
高中生[a]	0.447*（0.038）[0.09]	554594*（57.721）[405.425]
大学生[a]	0.788*（0.047）[0.159]	991.475*（63.769）[724.799]
研究生[a]	0.929*（0.055）[0.187]	1313.74*（67.682）[960.386]
白　人[b]	0.285*（0.03）[0.057]	442.544*（39.269）[323.514]
黑　人[b]	0.14*（0.039）[0.028]	513.696*（50.917）[375.528]
政治保守派[c]	0.024（0.027）[0.005]	271.631*（31.287）[198.57]
政治自由派[c]	0.059（0.028）[0.012]	127.606*（34.064）[93.284]

注：N=23029；数据来源：SCCBS。
*：系数大于或等于0.01才有意义。
a：参照群体：无高中毕业证书。
b：参照群体：非黑人少数派。
c：参照群体：政治温和派。

表7 2000年信奉宗教的、世俗的保守主义者和自由主义者的捐赠和志愿服务

	信奉宗教的保守主义者	世俗的自由主义者	信奉宗教的自由主义者	世俗的保守主义者
人口百分比	19.1	10.5	6.4	7.3
每年捐款的比例	91	72	91	63
每年赠品的平均价值（美元）	2367	741	2123	661
每年宗教性质捐款的百分比	88	22	86	34
每年世俗性质捐款的百分比	71	69	72	55
每年志愿服务的百分比	67	52	67	37
志愿服务的平均次数	11.9	7.2	12.6	4.7
每年宗教性质志愿服务的百分比	62	51	60	35
每年非宗教性质志愿服务的百分比	60	47	63	31

注：N = 29233；数据来源：SCCBS。

表8 2000年不同收入阶层的慈善捐赠

家庭年收入（美元）	每年慈善赠品的平均价值（美元）	每年捐给慈善机构的善款所占收入的百分比	每年宗教性质捐款所占收入的百分比	每年非宗教性质捐款所占收入的百分比	每年赠品所占收入的平均百分比
0 ~ 20000	458	64	52	44	4.58
20001 ~ 30000	710	75	60	56	2.84
30001 ~ 50000	1093	84	67	69	2.73
50001 ~ 75000	1530	89	72	78	2.45
57001 ~ 100000	2059	92	73	83	2.35
大于100000	3089	94	74	89	3.09

注：N = 26062；数据来源：SCCBS。

表9 收入对私人慈善行为影响的二阶最小平方估计

自变量	工具变量回归因变量： 收入系数 （标准误差）	工具回归（OLS回归）因变量： 金钱性质的赠品系数 （标准误差）
截距（Intercept）	-640（1631）	-1622*（102）
每年金钱性质的赠品	3.70*（0.487）	—
每年志愿服务的次数	—	21.61*（0.758）
信奉宗教的	-5206*（609）	886*（27）
世俗主义的	507（448）	-414*（28）
男　　性	4306*（351）	363*（23）
已　　婚	11031*（403）	391*（25）
家庭规模	1629*（118）	56.4*（8.1）
年　　龄	786*（55）	33.79*（3.76）
年龄平方	-9.7*（0.5）	-0.259*（0.038）
高 中 生	15436*（714）	512*（46）
大 学 生	27640*（940）	1118*（51）
研 究 生	32728*（1137）	1569*（54）
白　　人	4760*（520）	401*（33）
黑　　人	-718（648）	435*（44）
政治保守派	-2061*（395）	224*（27）
政治自由派	248（414）	80*（30）
R^2	0.35	0.24
N	22925	24265

注：*：系数大于或等于0.05才有意义；数据来源：SCCBS。

第四章使用SCCBS调查数据评估慈善行为与收入的关系。

SCCBS调查是第七章对繁荣和慈善行为之间的关系进行统计的基础，例如，捐款对家庭收入的影响就来自于二阶最小平方回归，其中志愿服务是金钱性质的赠品的工具量，而志愿服务仅仅通过它与善款的关系影响收入。

表 10　2000 年慈善行为与幸福和身体状况的自我评价

	志愿者（%）	非志愿者（%）	捐赠者（%）	非捐赠者（%）
我认为：				
一点也不幸福	0.4	1.5	0.6	2.1
不太幸福	3	6	4	8
幸　福	53	61	55	62
很　幸　福	44	31	40	28
我的身体：				
糟　糕	2	5	3	6
一　般	7	13	8	13
不　错	23	30	25	30
非　常　好	40	33	39	30
极　好	28	20	25	21

注：N = 28834；数据来源：SCCBS。

综合社会调查
(The General Social Survey)

　　综合社会调查（The General Social Survey，GSS）起始于 1972 年，是由全国民意研究中心（The National Opinion Research Center，NORC）主导的一项全国性的调查，它的调查对象大约为 2000 人，有多达 4000 个问题的不同问题子集，且内容广泛，同 PSID 和 SCCBS 一样，GSS 也收集了每个应答者的许多人口统计学资料。GSS 每年都有许多针对专题的问题，这些问题时不时也会涉及捐赠和志愿服务，例如在 1996，被调查者就被问到他们向不同类型的慈善机构捐过多少钱，而在 2002 年，GSS 则对正式和非正式的捐赠进行了调查。
　　我在第一章用 GSS 的调查数据来确定正式慈善行为和非正式慈善之间的关系。

表 11　2002 年正式和非正式的捐赠

每年至少做一次的百分比	每年向慈善机构捐款的人	每年不向慈善机构捐款的人
献血	18	8
给无家可归的人零钱或食物	67	48
排队时让别人插到前面	89	76
为别人让座	43	36
为陌生人指路	90	78
对不幸者表示关怀	73	66
将找错的零钱还给收银员	51	33

注：N = 1336；数据来源：GSS。

表 12　2002 年宗教参与和非正式捐赠

每年至少做一次的百分比	几乎每星期或更多的次数参加宗教活动的人	一年中只参加一次或不参加宗教活动的人
献血	18	11
给无家可归的人零钱或食物	67	57
排队时让别人插到前面	86	81
对不幸者表示关怀	79	64
将找错的零钱还给收银员	52	39

注：N = 1333；数据来源：GSS。

表 13　1996 年平均捐赠水平以及对政府收入再分配的态度

单位：美元	对"政府有责任减少收入不平等"表示：				
	非常同意	同意	二者都不	反对	强烈反对
所有的赠品	140	320	398	978	1637
世俗上的赠品	66	139	132	389	591
宗教上的捐赠	113	229	317	598	903
卫　　生	11	18	21	32	96
教　　育	8	21	32	61	140
社会福利	12	45	21	76	54
环　　保	5	7	5	23	19
艺　　术	6	20	3	19	27
国际援助	2	2	1	3	20

注：N = 1109；数据来源：GSS。

第二章用 2002 年 GSS 的调查数据将宗教参与和非正式慈善行为联系在一起。

第三章用 1996 年 GSS 的数据对那些对政府再分配的政策有不同态度的人进行比较。

表14 1996 年分别影响捐赠可能性和赠品价值的变量

自变量	回答者每年至少捐款一次	回答者每年赠品的价值	回答者每年非宗教性质的赠品价值
常　数	Probit 系数 （标准误差） [边际值]	Tobit 系数 （标准误差） [边际值]	Tobit 系数 （标准误差） [边际值]
常　数	-1.399** (0.477) [-0.515]	-4121.7*** (1097.6) [-1807.3]	-2458.4*** (513.5) [-850.5]
不同意再分配[a]	0.277** (0.118) [0.102]	5994** (274.1) [262.8]	280.2** (122.5) [96.9]
世俗的[b]	-0.335** (0.133) [-0.124]	-59.39* (337.5) [-260.4]	23.3 (146.5) [8.1]
信奉宗教的[b]	0.493*** (0.149) [0.182]	1453.9*** (315.9) [637.5]	75.8 (145.6) [26.2]
年　龄	0.02*** (0.005) [0.007]	23.8** (11.4) [10.5]	10.3** (5.2) [3.6]
收　入 （1000 美元）	0.008** (0.003) [0.003]	39.6*** (7) [17.4]	18.4*** (3.1) [6.4]
教育年限	0.0777** (0.0243) [0.0286]	110.87* (56.8) [48.62]	5474** (25.22) [18.94]
男　性	0.011 (0.115) [0.004]	-141.4 (271.4) [-62]	-60.6 (121.4) [-21]
已　婚	0.077 (0.115) [0.028]	353.2 (268.6) [154.9]	75.3 (120.3) [26]
白　人[c]	-0.439 (0.317) [-0.162]	-340.4 (683.9) [-149.3]	168 (321.1) [58.1]

续表 14

自变量	回答者每年至少捐款一次	回答者每年赠品的价值	回答者每年非宗教性质的赠品价值
黑 人[c]	-0.421 (0.361) [-0.155]	-404.7 (792.3) [-177.4]	365.8 (366.7) [126.5]
自由派[d]	-0.15 (0.161) [-0.055]	-367 (386.7) [-160.9]	-214.9 (176.5) [-74.3]
保守派[d]	-0.047 (0.152) [-0.017]	-364.4 (358.7) [-159.8]	67.1 (156.7) [23.2]

注：***：系数大于或等于 0.01 才有意义。
　　**：系数大于或等于 0.05 才有意义。
　　*：系数大于或等于 0.10 才有意义。
　　a：反对或强烈反对"政府有责任减少收入不平等"。
　　b：参照群体：参加宗教活动的次数少于每周一次但是每年多于一次。
　　c：非黑人少数派。
　　d：政治温和派。

我在第三章用 1996 年的 GSS 数据对那些对待收入再分配政策的态度以及捐赠决定进行评估，并说明有 15 个重要的有关收入再分配的变量，而政治意识形态并不重要。

在第五章里，我利用 2002 年 GSS 的数据衡量那些有不同政治观点以及婚姻状态的人的自我感受的幸福感。

表 15　自我感受到的幸福感、政治观点以及婚姻状况

	自我感觉生活非常幸福的百分比
保守派	36
自由派	28
已婚人群	41
寡居人群	22
离婚人群	16
单身人群	17
未婚人群	26

注：N = 4329；数据来源：GSS。

国际社会调查计划
(The International Social Survey Program)

国际社会调查计划（The International Social Survey Program, ISSP）是从1983年开始的国际调查研究合作项目，ISSP组织开发了许多处理特定主题的模式，并将它们并入30个国家的那些定期的国内调查中，其中就包括美国的GSS，尽管这些国家每年都会稍微做一些调整，但它们始终都关注欧洲和北美洲。1996年，ISSP关注政府在社会中的角色；1998年，ISSP着眼于宗教参与，并询问被调查者的志愿行为；而2002年，ISSP则侧重于对家庭和性别角色的态度。除了主题模式，ISSP也收集了每个被调查者的完整的人口统计学资料。

在第六章里用1998年ISSP的数据对各国在志愿服务上的差异进行了描述，用2002年ISSP的数据对美国和西欧各国的宗教参与以及对家庭的态度进行了对比，而1996年ISSP的数据则被用于对政府收入再分配政策态度的比较。

表16　1998年国际志愿服务比较

国　　家	每年所有类型的志愿服务的人口百分比	非宗教原因的志愿服务的人口百分比
美　国	51	41
拉脱维亚	39	36
斯洛伐克	38	32
法　国	37	34
波　兰	36	32
荷　兰	36	32
挪　威	36	33
斯洛文尼亚	34	30
瑞　典	32	29
捷　克	31	28
瑞　士	30	24

续表 16

国家	每年所有类型的志愿服务的人口百分比	非宗教原因的志愿服务的人口百分比
英 国	28	24
爱尔兰	27	24
葡萄牙	24	17
保加利亚	23	21
俄罗斯	20	19
意大利	20	14
匈牙利	20	16
西 德	19	12
西班牙	18	15
丹 麦	18	14
奥地利	18	13
前东德	13	10

注：N = 27742；数据来源：ISSP。

表17　1998年各国的宗教行为和对待家庭的态度的比较

国家	从不参与宗教活动的人口百分比	每星期都参与教会活动的人口百分比	不同意"如果人们想要孩子，那么最好的方式就是结婚"的人口百分比	认为"离婚是解决婚姻问题的最好方式"的人口百分比
英 国	63	13	30	62
荷 兰	56	9	57	74
前东德	53	4	39	81
法 国	51	7	45	60
瑞 典	31	3	42	55
挪 威	31	4	38	56
瑞 士	29	9	40	68
西班牙	26	19	55	81
西 德	24	11	34	74
丹 麦	21	2	39	69
奥地利	20	22	38	83
美 国	19	31	19	43
爱尔兰	4	62	34	61

注：N = 18484；数据来源：ISSP。

表 18　1996 年各国对收入再分配态度的比较

国　家	认为"政府有责任减少收入差异"的人口百分比	国　家	认为"政府有责任减少收入差异"的人口百分比
斯洛文尼亚	80	捷　　克	60
波　　兰	78	瑞　　典	60
西 班 牙	77	挪　　威	57
前 东 德	76	塞浦路斯	55
俄 罗 斯	74	英　　国	54
法　　国	68	拉脱维亚	51
匈 牙 利	67	西　　德	49
爱 尔 兰	66	美　　国	33
意 大 利	65		

注：N = 23260；数据来源：ISSP。

在第六章里面，我用 1998 年 ISSP 的数据来评估宗教参与以及其他因素对那些为非宗教性质的慈善机构做志愿服务的决定的影响，并说明在其他的人口统计学资料和居住国家一样的情况下，信奉宗教的人与世俗者大约相差了 17 个百分点，而且对大多数国家来讲，国家所造成的影响是非常显著的，并且在所有重大的事情中都有负面影响（参见表 19），这些国家公民的志愿服务倾向与美国人相差很大。

表 19　1996 年影响捐赠倾向和赠品价值的变量

自 变 量	因变量：每年至少为非宗教慈善事业做过一次志愿者的应答者		
	Probit 系数	（标准误差）	[边际值]
常　　数	-0.32*	(0.05)	[-0.09]
信奉宗教[a]	0.28*	(0.03)	[0.08]
世　俗[a]	-0.29*	(0.02)	[-0.09]
男　　性	-0.016	(0.02)	[-0.005]
已　　婚	0.0212	(0.0204)	[0.0062]
年　　龄	0.0016	(0.0006)	[0.0005]

续表 19

自变量	因变量：每年至少为非宗教慈善事业做过一次志愿者的应答者		
	Probit 系数	（标准误差）	[边际值]
教育（年）	0.0002	(0.0004)	[0.0001]
收入（1000 美元）	-0.00093	(0.00128)	[-0.00027]
西　　德[b]	-0.9*	(0.07)	[-0.26]
东　　德[b]	-0.93*	(0.11)	[-0.27]
英　　国[b]	-0.32*	(0.07)	[-0.09]
奥 地 利[b]	-1.15*	(0.07)	[-0.33]
匈 牙 利[b]	0.75*	(0.07)	[-0.22]
意 大 利[b]	-1*	(0.07)	[-0.29]
爱 尔 兰[b]	-0.7*	(0.06)	[-0.21]
荷　　兰[b]	-0.12	(0.05)	[-0.04]
挪　　威[b]	0.003	(0.055)	[0.001]
瑞　　典[b]	-0.23*	(0.06)	[-0.07]
捷　　克[b]	-0.23*	(0.06)	[-0.07]
斯洛文尼亚[b]	-0.23*	(0.06)	[-0.07]
波　　兰[b]	-0.35*	(0.06)	[-0.1]
俄 罗 斯[b]	-0.52*	(0.05)	[-0.15]
西 班 牙[b]	-0.93*	(0.06)	[-0.27]
拉脱维亚[b]	-0.03	(0.06)	[-0.01]
斯洛伐克[b]	-0.3*	(0.06)	[-0.09]
法　　国[b]	-0.09	(0.06)	[-0.03]
塞浦路斯[b]	-0.02	(0.06)	[-0.01]
葡 萄 牙[b]	-0.87*	(0.06)	[-0.26]
丹　　麦[b]	-0.85	(0.07)	[-0.25]
瑞　　士[b]	-0.71*	(0.07)	[-0.21]

注：N=22112；数据来源：ISSP。
　　*：系数大于或等于 0.01 才有意义。
　　a：参照群体：每年至少一次但不是每周都参加教会活动。
　　b：参照群体：美国。

艺术与宗教调查
(The Arts and Religion Survey)

艺术与宗教调查(The Arts and Religion Survey，ARS)是由普林斯顿大学教授罗伯特·乌斯诺(Princeton Professor Robert Wuthnow)和盖洛普公司(Gallup Organization)在1999年进行的一项民意调查，这项全国范围的随机性调查登门走访了1530人，其中涉及了他们那些有创造力且与艺术相关的行为。对待艺术的态度，宗教活动、宗教行为和宗教信仰及其隶属关系，对宗教和属灵的态度，以及慈善活动的参与，同时也收集了每个人相关的人口统计学资料。由于这项调查对宗教活动和行为的询问远远超出仅仅去教堂的范围，所以它特别适合本书的要求。

第二章用 ARS 调查数据研究捐赠和各种宗教行为之间的关系。

第五章则利用 ARS 的数据以展示儿时的宗教行为与成年的慈善行为之间的关系。

表20 1999年宗教行为和慈善捐赠

	向所有慈善机构捐款的百分比	向宗教机构捐款的百分比	向非宗教机构捐款的百分比
所有的人	75	64	50
每天祈祷的人	83	79	51
从不祈祷的人	53	23	44
为精神生活付出"大量精力"的人	88	84	52
没有为精神生活付出"大量精力"的人	46	20	41
属于教会的人	88	86	53
不属于教会的人	56	32	45
每周都去自己所属的教会的人	92	92	51
从不去教会的人	42	13	37

注：N = 1252；数据来源：ARS。

表 21　儿时上教堂与成年后的慈善行为

儿时参加教会活动的次数	所有的人 成年后向所有的慈善机构捐款的百分比	所有的人 成年后向所有的非宗教慈善机构捐款的百分比	从不参加教会的人 成年后向所有的慈善机构捐款的百分比	从不参加教会的人 成年后向所有的非宗教慈善机构捐款的百分比
每　　周	78	51	47	40
几乎每周	76	48	41	37
一个月一次或　两　次	74	45	48	41
一年中有若　干　次	62	51	35	32
从　　不	56	53	26	29

注：N = 1252；数据来源：ARS。

美国捐赠基金会的调查
（Giving USA）

　　伊利诺伊州（Illinois）的美国捐赠基金会（Giving USA Foundation）和印第安纳慈善中心（Indiana Center on Philanthropy）每年都合作进行一项关于美国慈善捐赠的调查，其结果是通过大量的数据得出美国正式慈善捐赠的总体水平，人们认为这些数据可以用于美国慈善捐赠统计最准确、最具有权威性的数据源，其准确度远远超过美国国税局（U. S. Internal Revenue Service）的估计，后者只能计算出那些出于抵税的捐赠数目。美国捐赠调查的数据使我们可以看到自 20 世纪 50 年代起美国捐赠的增长，而 20 世纪 50 年代的数据就是这项调查的第一批数据。

　　在第一章和第七章中，有关多年来慈善捐赠和美国 GDP 变化的比较就是利用这项调查的数据，表 22 就是这个比较的详细数据。

　　在第七章中，通过对表 22 中的数据进行格兰杰因果关系检验（Granger test）以确定个人捐赠和人均 GDP 之间的因果关系，这些检验着眼于前些年的一个变量值预测另一个变量未来几年的值的程度。我们对当前和前三年的捐赠数字能否预测眼前的GDP或反之亦然非常感兴趣，这些检验也对许多变量的累积效应做了校正，其中包括模型中那些因变量的滞后值。严格的F－检验法（F－test）使我们可能可以否定这样的假设，即每个变量的当前值和滞后值（一起）不能预测其他变量的当前值，在这种情况下，我们会认为每个变量"格兰杰影响"（Granger causes）其他的变量。这与"验证"真实的相互的因果关系并不完全相同，但是却给出了一个非常令人信服的事实，即的确存在因果关系。①

表22　1954年至2004年通货膨胀调整后的慈善捐赠和美国的GDP

年份	实际的慈善捐赠（10亿美元）	人均慈善捐赠（美元）	实际的GDP（10亿美元）	人均GDP（美元）
1954	43.37	222.14	2624	16094
1955	49.53	247.89	2880	17356
1956	55.01	269.62	3027	17920
1957	57.10	278.57	3097	18006
1958	58.80	284.75	3030	17325
1959	66.42	311.71	3240	18222
1960	69.85	320.46	3334	18451
1961	72.65	321.41	3391	18463
1962	73.03	327.30	3621	19410
1963	80.05	349.61	3769	19917
1964	81.51	349.51	3982	20752
1965	87.32	361.10	4274	21999
1966	91.96	368.59	4597	23386
1967	95.86	379.88	4695	23629

---

① 参见克莱夫·W. 格兰杰（Clive W. J. Granger）的《利用计量模式和加权互谱估计方法研究因果关系》（Investigating Causal Relations by Econometric Models and Cross-Spectral Methods），《计量经济学》（Econometrica），1969年第37卷第3期，第424~434页。

续表 22

年　份	实际的慈善捐赠 （10 亿美元）	人均慈善捐赠 （美元）	实际的 GDP （10 亿美元）	人均 GDP （美元）
1968	102.38	399.13	4950	24665
1969	107.48	408.89	5126	25290
1970	103.08	386.84	5094	24842
1971	109.07	395.28	5252	25290
1972	110.13	415.84	5589	26629
1973	111.25	421.18	6023	28424
1974	106.83	401.41	5965	27894
1975	101.52	387.28	5813	26914
1976	106.09	402.09	6075	27864
1977	111.47	424.76	6431	29200
1978	114.29	427.34	6803	30565
1979	116.90	440.85	6959	30921
1980	115.76	425.55	6655	29223
1981	117.68	425.72	6666	28986
1982	116.09	402.87	6401	27568
1983	119.70	420.75	6694	28569
1984	124.64	434.17	7148	30242
1985	125.85	422.47	7396	31014
1986	140.67	471.09	7524	31267
1987	136.90	442.63	7898	32530
1988	140.92	457.17	8177	33372
1989	150.33	491.24	8395	33939
1990	146.12	470.98	8436	33726
1991	144.36	457.41	8237	32492
1992	149.92	457.82	8474	32986
1993	151.77	459.10	8627	33147
1994	152.38	444.89	8936	33921
1995	152.40	440.82	9119	34210

续表 22

年 份	实际的慈善捐赠（10亿美元）	人均慈善捐赠（美元）	实际的 GDP（10亿美元）	人均 GDP（美元）
1996	166.85	478.43	9372	34753
1997	189.73	529.75	9683	35480
1998	202.62	574.23	10064	36448
1999	228.53	624.07	10454	37430
2000	252.03	677.91	10779	38165
2001	244.41	638.58	10664	37345
2002	244.40	634.25	10924	37852
2003	241.29	630.28	11216	38407
2004	248.52	636.53	11728	39725

注：所有数据都是利用物价消费指数（Consumer Price Index, CPI）调整过的数据。
数据来源：美国捐赠基金会的调查（Giving USA）。

表 23 详细解释了经过格兰杰因果关系检验的回归值，这些检验在表中也有相应的说明。

表 23 对"慈善促进 GDP 增长，反之亦然"假设的格兰杰因果关系检验

变 量	因变量：当年人均的慈善捐赠		因变量：当年的人均 GDP	
	系数	（标准误差）	系数	（标准误差）
常数	-0.44	(0.36)	0.49*	(0.21)
当年的人均捐赠	—	—	0.31**	(0.08)
一年前的人均捐赠	0.94**	(0.16)	-0.23	(0.12)
两年前的人均捐赠	0.09	(0.22)	-0.16	(0.13)
三年前的人均捐赠	-0.2	(0.16)	0.19*	(0.09)
当年的人均 GDP	0.86**	(0.22)	—	—
一年前的人均 GDP	-0.9*	(0.35)	1.11	(0.15)

续表 23

变量	因变量：当年人均的慈善捐赠		因变量：当年的人均 GDP	
	系数	（标准误差）	系数	（标准误差）
两年前的人均 GDP	0.11	(0.36)	-0.27	(0.21)
三年前的人均 GDP	0.07	(0.23)	0.05	(0.14)
对各类捐赠的滞后值都为 0 的假设的 F 检验法的统计	41.75**		4.00*	
对 GDP 的滞后值都为 0 的假设的 F 检验法的统计	4.92*		127.08**	

注：N=48；用一般最小二乘法进行回归，所有的值都是人均捐赠的值，GDP 转为它们的自然对数；数据来源：美国捐赠基金会的调查。
**：系数大于或等于 0.01 有意义。
*：系数大于或等于 0.05 有意义。

马克斯韦尔民意调查
(The Maxwell Poll)

雪城大学马克斯韦尔学院的坎贝尔公共事务研究所(Campbell Public Affairs Institute) 在 2004 年进行了一项全国性的民意调查，其调查对象是随机挑选出来的 600 个美国成年人，并收集他们对市民参与行为的各种观点，这项调查大约有 80 个问题，其中涉及他们是否关心政府的行为、参与政府事务以及加入志愿组织，例如宗教组织、兄弟会和专业组织以及其他致力于慈善行为的机构，它同时也收集了被调查者的人口统计学资料。①

第三章就是利用马克斯韦尔民意调查的数据来评估政治自由派和保守派对收入不平等的态度的差异。

---

① 参见 http://poll.campbellinstitute.org。

表 24　对收入不平等的政治信念和观点

	自由主义者	保守主义者
认为当今社会的收入差距过大的百分比	76	41
认为我们的社会已经成为富人和穷人的两极社会的百分比	92	51
认为收入不均是严重的社会问题的百分比	67	25
认为政府应该多做一些以减少社会不平等的百分比	80	27

注：N = 541；数据来源：马克斯韦尔民意调查。

美国选举研究
(American National Election Study)

美国选举研究（American National Election Study，ANES）调查是由密歇根大学（University of Michigan）的政治研究中心（The Center for Political Studies）和调查研究中心（The Survey Research Center）主导的一年两次的社会调查，其调查对象接近1500人，问卷涉及社会信任、市民参与和政治参与，而且被调查者也要提供自己的人口统计资料。ANES调查评估民意的方式之一就是利用"感情温度值"（feeling thermometers），它的数值范围从0到100，这些被调查者要给出他们对其他机构的意见，0意味着极度否定，100则表示极度肯定。

我在第一章里就是用ANES调查的数据对捐赠者和非捐赠者之间的感情温度值进行比较。

表 25　2002年慈善捐赠和感情温度值

	所有的人	向慈善机构捐款的人的平均温度值	不向慈善机构捐款的人的平均温度值
最高法院	64	64	60
国会	58	58	54
军事部门	75	76	72
联邦政府	60	61	56

续表 25

	所有的人	向慈善机构捐款的人的平均温度值	不向慈善机构捐款的人的平均温度值
黑人	66	67	62
白人	68	69	64
保守派	58	59	50
自由派	51	51	52
工会	52	53	50
大公司	48	49	47
穷人	66	66	64
社会福利接收者	53	54	50
美籍西班牙人	63	64	60
基督教原教旨主义者	52	53	47
老年人	76	77	72
环保人士	63	63	61
男同性恋和女同性恋者	48	48	48
天主教徒	62	63	57
犹太教徒	63	64	57
新教徒	64	66	56
女权主义者	54	54	52
亚裔美国人	63	64	59
新闻媒体	52	52	53
天主教会	52	53	47

注：N = 1018；除了对男同性恋者和女同性恋者的态度之外，所有那些有 0.05 的差距都具有统计意义；数据来源：ANES。

美国的捐赠和志愿服务调查
（Giving and Volunteering in the United States）

美国的捐赠和志愿服务调查（The Giving and Volunteering in the United States survey, GVS）是独立部门在 2001 进行的一项对随机抽选的 4216 名 21 岁或大于 21 岁的成年人的社会调查，它询问那些被调查者在此项调查之前的12个月的个人志愿服务习惯以及2000年的家庭捐赠情况,另外,这些应答者还需要回答他们非正式的捐赠和志愿服务情况以及他们为什么捐赠和做义工或为何不做这些,同时这项调查也收集了被调查者个人的人口统计资料。

第一章详细叙述了正式和非正式捐款和志愿时间之间的关系。

表26 2000年正式和非正式捐赠的关系

	每年都对朋友、邻居或陌生人捐赠的百分比	对朋友、邻居或陌生人奉献时间的百分比
对慈善机构正式捐款的人	53	60
不向慈善机构正式捐款的人	19	43

注:N=4132;数据来源:GVS。

美国捐赠调查(America Gives)

美国捐赠调查(America Gives)是印第安纳大学慈善中心在"9·11"恐怖袭击之后进行的一项相应的调查,了解被调查者对这起悲剧的慈善反应,调查对象是1200名美国各地的成年人,数据覆盖了捐款、志愿服务以及其他类型的赠品,例如献血。[1]

第二章列举了与"9·11"相关的捐赠,并把它作为一个可以解释信奉宗教的人和世俗论者当面对一个单纯的世俗事件时所表现出来的不同的慈善反应的例子。

---

[1] 参见凯西·S. 斯坦伯格(Kathy S. Steinberg)和帕特里克·M. 罗尼(Patrick M. Rooney)《美国捐赠:"9·11"后美国慷慨度调查》(America Gives: A Survey of Americans' Generosity After September 11),《非营利和志愿部门季刊》(*Nonprofit and Voluntary Sector Quarterly*),2005年第34卷第1期,第110~135页。

表27 2001年信奉宗教的人与世俗论者对"9·11"事件的捐赠品

	每周或更经常参加教会活动的人	从不参加教会活动或根本没有宗教信仰的人
对"9·11"事件捐款的百分比	67	56
对"9·11"事件捐赠其他物品的百分比,例如献血	28	24
对"9·11"事件奉献时间的百分比	10	8

注:N=1274;数据来源:美国捐赠调查。

致　　谢

写书可以算是对情感意志的锻炼，在构思阶段，作者对坦率批评的需要大大超过接受批评的忍耐力。在撰写本书的过程中，我非常感谢那些深谙此道并巧妙地把真相告诉我的人，如果没有他们的倾囊相助，这本书就不会这么出色。

当我还在不停地写作时，詹姆斯·Q.威尔逊（James Q. Wilson）就看过全部的手稿并审读了初稿，与他的批评意见相比，我前期的论述总是显得粗糙，所以我在此对他细致、富有思想性的指导深表感谢；罗根·克施（Rogan Kersh）不仅阅读了本书而且还建议了书名；彼得·舒克（Peter Schuck）和大卫·马斯塔德（David Mustard）也审读了原稿并给予了我非常有益的建议；莱斯利·伦科夫斯基（Leslie Lenkowsky）让我懂得了如何将基本的想法变为一部书，可以这么讲，没有莱斯利·伦科夫斯基的指导，就没有这本书的开始。

许多人阅读了许多章节并纷纷献计献策，他们是斯科特·阿拉德（Scott Allard）、史蒂芬·鲍曼（Stephen Bowman）、阿莉森·布鲁克斯（Allison Brooks）、杰夫·布鲁克斯（Jeff Brooks）、彼得·弗鲁姆金（Peter Frumkin）、亨利·吉夫瑞（Henry Givray）、加里·拉文（Gary Lavine）、吉尔·莱昂哈特（Jill Leonhardt）、梅尔·列维茨基（Mel Levitsky）、亚历山大·列夫申（Alexander Livshin）、乔·洛孔特（Joe Loconte）莱恩·洛波（Len Lopoo）、史蒂夫·勒克斯（Steve Lux）、基思·麦卡利斯特（Keith McAllister）、梅甘·麦卡利斯特（Megan McAllister）、拉姆·莫汉·米什拉（Ram Mohan Mishra）、亨利·奥尔森（Henry Olsen）、杰夫·施特劳斯曼（Jeff Straussman）、大卫·范斯基（David Van Slyke）、斯科特·沃尔特（Scott Walter）、巴里·韦斯（Barry Weiss）、道格·沃尔夫（Doug Wolf）和亚当·沃尔夫森（Adam Wolfson）。

这本书的项目得到了埃尔哈特基金会（Earhart Foundation）

以及阿基利斯和博德曼基金会（Achelis & Bodman Foundations）慷慨无私的帮助，这些基金会以及它们的高级主管，蒙哥马利·布朗（Montgomery Brown）、布鲁斯·弗罗曼（Bruce Frohnen）、约瑟夫·多兰（Joseph Dolan）和约翰·克里格（John Krieger）一如既往地延续着他们进取博爱的传统即支持慈善观点的发展，而且我也十分荣幸，因为他们把我的许多看法列入到了这一范畴。另外两位给予我无私帮助的是朱迪思·格林伯格·塞恩菲尔德（Judith Greenberg Seinfeld）和加里·拉文。我从马克斯韦尔学院（Maxwell School）和坎贝尔公共事务研究所（Campbell Public Affairs Institute）得到的有关公共机构方面的帮助是这本书成功的关键，并对此深表感谢，而且马克斯韦尔学院用阿普尔比—莫舍基金（Appleby-Mosher Grant）为我购买了那些分析时所需要的数据，并且资助了我的研究助手安妮·朱（Annie Ju）。我的编辑，Basic Books 出版社的拉腊·海默特（Lara Heimert），不仅是一位才华出众、富有想象力的编辑而且也非常了解作者在书中表达的意图，她持之以恒的乐观精神和积极性不仅使编辑工作十分顺利并且使我们真正体验到了一个令人愉快的编辑过程。我也在其他人的参考书中得到了出色的建议和帮助，其中包括大卫·斯坦伯格（David Steinberger）、约翰·谢勒（John Sherer）、凯·玛丽亚（Kay Mariea）、詹妮弗·布拉克-布拉夫-雷伯恩（Jennifer Blakebrough-Raeburn）、米凯莱·雅各布（Michele Jacob）、朱莉·麦卡罗尔（Julie McCarroll）和尼奇尔·萨瓦尔（Nikil Saval）。

非常感谢我的代理商——加拉蒙德公司（Garamond Agency）的利萨·亚当斯（Lisa Adams）女士，她曾经为一部未成文的书赌了一把，也曾帮我把书中的想法转成能够吸引出版商的东西，而且不断地对书稿提出有价值的建议，并且将身心都投入到了整个项目中。

我之所以有机会在《华尔街日报》（Wall Street Journal）和 CBSnews.com 专栏中把书中的许多观点表达出来，完全得益于通库·瓦拉达拉詹（Tunku Varadarajan）、迪克·迈耶（Dick Meyer）两位社论编辑的帮助，对此向他们表示感谢。其他一些杂志、报纸和杂志也发表了我在书中最终表达的那些观点，其中包括《公共利益》(The Public Interest)、《政策评论》(Policy Review)、《慈善》(Philanthropy)、《慈善纪事》(the Chronicle of Philanthropy)、《公共政策与行政管理期刊》(Journal of Policy Analysis and Management)、《公共行政评论》(Public Administration Review)和《政府预算与财政》(Public Budgeting and Finance)。

本书的数据来自于许多数据库长年的调查数据，绝大部分都是大学协会、罗博公共意见研究中心（Roper Center for Public Opinion Research）以及密歇根大学（University of Michigan）公开发表的对政治和社会研究的数据。帕特里克·鲁尼（Patrick Rooney）和凯西·斯坦伯格（Kathy Steinberg）向我提供了《美国捐赠》(America Gives)的调查数据，梅丽莎·布朗（Melissa Brown）与我分享了过去半个世纪美国慈善的数据。另外，在许多慈善领域的工作者的启迪下，我理解了我那些发现的真正含义，而且他们给我提供了许多重要的背景信息，他们是纽约社区中心基金会（Central New York Community Foundation）的金·斯科特（Kim Scott）、共同零币基金的亚当·赛德尔（Adam Seidel）、南达科州社区基金会（South Dakota Community Foundation）的斯蒂芬妮·贾德森（Stephanie Judson）、家庭慈善全国中心（National Center for Family Philanthropy）的戴安娜·斯迈利（Dianna Smiley）、上州医科大学（Upstate Medical University）的罗纳德·萨莱斯基（Ronald Saletsky）博士、雪城大学（Syracuse University）的古斯托夫·尼布尔（Gustav Niebuhr）以及学习给予组织（Learning to Give）的凯瑟琳·阿加德（Kathryn Agard）。

最后，如果没有我这位睿智的志同道合者——我的夫人埃斯特尔·布鲁克斯（Ester Munt-Brooks）的协作，我将一事无成，书中所有观点的形成都有她的参与，而且她与我一起孜孜不倦地对原稿做了一遍又一遍的修改，同样也感谢我们的孩子：丘梅特（Quimet）、卡洛斯（Carlos）和玛丽娜（Marina），正是他们每天都让我看到如何才能成为一个更加慈善的人，而且为什么慈善行为如此重要。

图书在版编目（CIP）数据

谁会真正关心慈善：保守主义令人称奇的富于同情心的真相/〔美〕布鲁克斯著；王青山译.—北京：社会科学文献出版社，2008.12
ISBN 978-7-5097-0529-2

Ⅰ.谁… Ⅱ.①布…②王… Ⅲ.慈善事业-研究-美国 Ⅳ.D771.27

中国版本图书馆 CIP 数据核字（2008）第 189132 号

谁会真正关心慈善
——保守主义令人称奇的富于同情心的真相

| 著　　者 / 〔美〕亚瑟·C. 布鲁克斯（Arthur C. Brooks）
| 译　　者 / 王青山

| 出 版 人 / 谢寿光
| 总 编 辑 / 邹东涛
| 出 版 者 / 社会科学文献出版社
| 地　　址 / 北京市东城区先晓胡同 10 号
| 邮政编码 / 100005
| 网　　址 / http://www.ssap.com.cn
| 网站支持 / （010）65269967
| 责任部门 / 国际出版中心 （010）65234938
| 电子信箱 / guoji@ssap.cn
| 责任编辑 / 郭荣荣　汪云凤
| 责任校对 / 丁新丽
| 责任印制 / 岳　阳

| 总 经 销 / 社会科学文献出版社发行部
| 　　　　　 （010）65139961　65139963
| 经　　销 / 各地书店
| 读者服务 / 市场部（010）65285539
| 排　　版 / 北京鑫联必升文化发展有限公司
| 印　　刷 / 三河市世纪兴源印刷有限公司

| 开　　本 / 787×1092 毫米　1/20
| 印　　张 / 10
| 字　　数 / 177 千字
| 版　　次 / 2008 年 12 月第 1 版
| 印　　次 / 2008 年 12 月第 1 次印刷

| 书　　号 / ISBN 978-7-5097-0529-2/D·0230
| 著作权合同
| 登 记 号 / 图字 01-2007-5818 号
| 定　　价 / 29.00 元

本书如有破损、缺页、装订错误，
请与本社市场部联系更换

版权所有　翻印必究